Konrad Richter

Erziehen, Lernen und Vermitteln im Kindersport
Ein Leitfaden für Eltern, Vereinstrainer, Erzieher und Sportlehrer (m/w/d)

Konrad Richter

Erziehen, Lernen und Vermitteln im Kindersport

Ein Leitfaden für Eltern, Vereinstrainer, Erzieher und Sportlehrer (m/w/d)

Rediroma-Verlag

Bibliografische Information der Deutschen Nationalbibliothek:
Die Deutsche Nationalbibliothek verzeichnet diese Publikation in der Deutschen Nationalbibliografie; detaillierte bibliografische Daten sind im Internet über http://portal.dnb.de abrufbar.

ISBN 978-3-98527-427-7

www.rediroma-verlag.de
9,95 Euro (D)

Empfehlungsschreiben

Liebe Leserinnen und Leser,
als ehemaliger Profifußballer hat mich der Sport intensiv in meiner Persönlichkeit geprägt. Auch wenn es nicht immer leicht für mich war, habe ich dem Sport sehr viel zu verdanken und möchte daher gerne etwas von meinem Erfolg zurückgeben. Als jemand der in seiner Kindheit und Jugend sehr viel Zeit im Sport verbracht hat, liegt mir ein kindgerechter Umgang mit jungen Sportlerinnen und Sportlern besonders am Herzen. Sport ist ein mächtiges Medium, in welchem wir einen großen Beitrag für die Erziehung, Bildung und die Gesundheit unserer Kinder leisten können.

Daher stehe ich mit vollem Einsatz dahinter, wenn es um die Unterstützung von jungen Trainerinnen und Trainern im Kinder- und Jugendsport geht, oder wenn Eltern Hilfe bei der optimalen Entwicklung ihres Kindes brauchen. Als zweifacher Familienvater spreche ich dabei nicht nur aus der Sicht eines erfolgreichen Profisportlers, sondern auch als Mensch zu Ihnen und hoffe, dass Ihnen dieser Leitfaden wieder eine klare Orientierung gibt, wie richtiges Erziehen, Lernen und Vermitteln im Kindersport aussehen sollte.

Als Vertreter eines starken Netzwerks an ehemaligen Profisportlern aus verschiedenen Sportarten, möchte ich Ihnen daher dieses Buch als Leitfaden empfehlen, damit Sie mit Ihren Kindern die Ziele Erziehung, Bildung und Gesundheit besser erreichen und Sie in Ihrer verantwortungsvollen und gleichzeitig so bedeutsamen Aufgabe der Persönlichkeitsförderung der Kinder etwas Entlastung finden.

In diesem Sinne wünsche ich Ihnen viel Freude und einen gewinnbringenden Lernzuwachs beim Lesen dieses Buches.

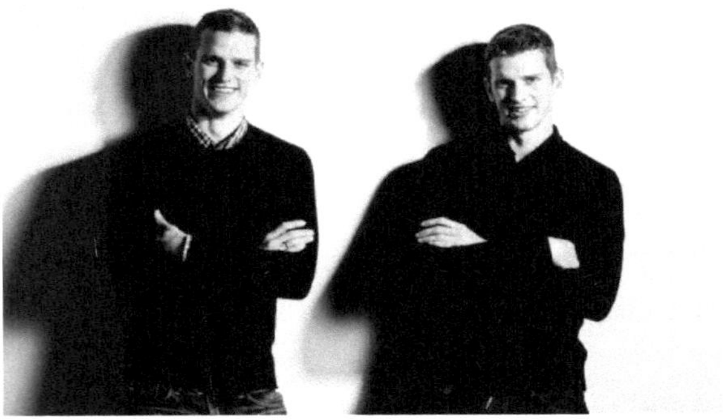

Euer
Sven und Lars Bender

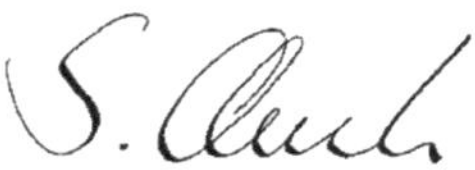

Sven und Lars Bender
(ehemalige Profifußballer Bayer 04 Leverkusen)

Inhaltsverzeichnis

Vorwort

Dieses Buch soll ein Leitfaden für Vereinstrainer/innen, Erzieher/innen und Sportlehrer/innen sein, welcher keinesfalls für sich behaupten kann, für jede erdenkliche zukünftige Situation genau die perfekte Musterlösung parat zu haben. Viele Trainer/innen im Kindersport haben einen individuellen Stil und persönliche Begabungen, die neben den in diesem Buch erläuterten Empfehlungen durchaus ihre Berechtigung haben. Daher ist dieses Buch auch als Empfehlung anzusehen. Das Buch baut jedoch auf erziehungs- und trainingswissenschaftlichen Erkenntnissen auf und ermöglicht Ihnen somit eine höhere Erfolgswahrscheinlichkeit für eine Vielzahl an Situationen im Kindersport. Wer nun einwendet, dass Wissenschaft nur „graue Theorie" sei, der sei daran erinnert, dass gut-durchgeführte Studien meist aus der Praxis heraus entstanden sind. Sie stellen also gewissermaßen nur eine „Zusammenfassung zahlreicher praktischer Situationen dar" und können, wenn sie wissenschaftlich sauber (unter Einhaltung der maßgeblichen Gütekriterien und wissenschaftlichen Vorgehensregeln) durchgeführt werden, Erkenntnisse liefern, welche in zahlreichen Situationen des Kindersports durchaus nützlich sein können. Zudem werden heutzutage viele Studienergebnisse erneut zu Meta-Studien und sogar zu Meta-Meta-Studien zusammengefasst und mit komplexen statistischen Verfahren sehr gewissenhaft berechnet, welche Aussagekraft die Studienergebnisse haben. Man muss also gute Studienergebnisse von schlechten Ergebnissen (welche meist in den Medien kursieren und oftmals mehr dem Skandalisieren als dem Aufzeigen von nützlichen Erkenntnissen dienen) unterscheiden. In diesem Leitfaden wurden aktuelle Studienergebnisse aus zahlreichen guten Studien analysiert und die wesentlichen Faktoren für das Erziehen, Lernen und Vermitteln im Kindersport zusammengetragen. Zudem wurden die aus der guten Wissenschaft stammenden Ergebnisse in der Praxis erneut erprobt. Die für Ihre Praxis gedachten Checklisten in diesem Leitfaden haben sich bereits in zahlreichen Situationen im Kindersport bewährt und vielen Kindersporttrainern geholfen. Im Sinne der Weiterentwicklung soll der Leitfaden dazu anregen, die bisherige sportpädagogische Handlungskompetenz als Vereinstrainer/in, Erzieher/in oder Sportlehrer/in im Kindersport zu erweitern. Er soll eine Orientierung und stützenden Halt in der Vielzahl der empfohlenen Maßnahmen, welche heutzutage im Internet und in der kaum noch überschaubaren Vielfalt der Literatur und den anderen (digitalen) Lehrmedien existiert, geben. Diesen Anspruch erhebt das Buch auch aufgrund der Auswertung unzähliger Studienergebnisse, die von den ersten philosophischen Erkenntnissen der alten Griechen bis hin zur heutigen modernen Erziehungswissenschaft und Pädagogik reichen. Erstaunlicherweise lassen sich aus dem zeitübergreifenden Überblick jahrhundertelanger Entwicklungen tatsächlich konstant gebliebene exemplarische Grundprinzipien erkennen, welche in diesem Buch zu einfach verwendbaren Checklisten für die Kindersport-Praxis zusammengefasst wurden. Dennoch wäre es anmaßend zu behaupten, dieses Buch zeige die vollständige Wahrheit und Gewissheit über alle erzieherischen Prozesse. Leider kann niemand die zukünftigen Veränderungen der Kinder und Jugendlichen sowie der Gesellschaft vorhersagen. Auch die unterschiedlichen

Kulturen verschiedener Länder sowie der situative Kontext mit all seinen vernetzten Handlungsketten spielt natürlich immer eine Rolle. Die hier zusammengetragenen Checklisten berücksichtigen jedoch eine flexible Handhabung und ermöglichen daher eine hohe Erfolgswahrscheinlichkeit.

Die Welt steht in einem ständigen konstruktiven Prozess der Veränderung und ermöglicht nur aufgrund der Stabilität gewisser gleichbleibender Beziehungen zwischen den Dingen und Menschen dieser Erde eine gewisse Vorhersehbarkeit von Ereignissen und Reaktionen.

Nach dieser doch recht wissenschaftlich angehauchten Einführung soll im ersten Kapitel zur Einfachheit des realen Alltags zurückgekehrt und darauf eingegangen werden, warum Erziehung, Lernen und Vermitteln wesentliche und lohnenswerte Bestandteile des Kindersports sind. Ich wünsche Ihnen daher viel Freude und gute persönliche Entwicklungsfortschritte bei dieser Reise durch die Zeit der Erziehungs- und Trainingswissenschaft.

1. Erziehen im Kindersport

1.1 Was heißt „Erziehen im Sport“?

Erziehung im Kindersport ist einerseits eng mit Lernfortschritten verbunden, erleichtert aber auch ganz einfach die Trainertätigkeit im Alltag. Eine gut erzogene Kindersportgruppe ermöglicht Ihnen, in Ruhe ein sportliches Training durchführen zu können, bei welchem die Kinder etwas dazulernen und sich positiv weiterentwickeln.

Und natürlich ist Erziehung im Sport auch nützlich, weil es für unser Zusammenleben in der Gesellschaft wichtig ist, eigene und fremde Freiheiten und Grenzen anzuerkennen und im Sinne eines friedlichen Miteinanders dieses Gleichgewicht zwischen Freiheiten und Regeln ständig gegenseitig auszubalancieren.

Aber zunächst einführend ein paar allgemeine Aspekte, welche ich Ihnen gleich zu Beginn mitgeben möchte, bevor wir später genauer auf Details eingehen. Dabei sollen Ansichten, die in der heutigen Gesellschaft oft als allgemeine Meinungen vorherrschen, beseitigt werden. Wenn Sie also mit den folgenden Sichtweisen nicht ganz einverstanden sind, so ist das ihr gutes Recht auf eine eigene Meinung. Dennoch lohnt es sich vielleicht, die aus der Sportwissenschaft gewonnenen Erkenntnisse einmal zu überdenken und gegebenenfalls die bisherige Sichtweise zu erneuern.

Das sportliche Ziel im Kindesalter ist noch nicht die perfekte Bewegungsausführung, sondern der Gewinn eines breiten **allgemeinen Erfahrungsschatzes an Bewegungen**, damit sich das **Nervensystem** des Kindes möglichst

stark vernetzt. Dieser Ansatz bietet einerseits bessere Voraussetzungen für **schnelleres Lernen** und beugt andererseits einseitige Belastungen, welche zu Haltungsschäden und Wachstumsstörungen führen können, vor. Es geht also nicht darum, dass Kinder unter ca. 9 Jahren schon sehr beachtenswerte motorische „Kunststücke“ und sportliche Leistungen vollbringen, sondern darum, die Kinder optimal auf Fertigkeiten, Kompetenzen und Fähigkeiten vorzubereiten, welche im Erwachsenenalter benötigt werden.

Viele Menschen sehen den Spaß und die Freude an der Bewegung als wichtigste Ziele im Kindersport. Ziele werden im Kindersport in der Regel durch **ansprechende Lernumgebungen** und **abwechslungsreiche Aufgaben** erreicht, die zur Bewegung und zum Lernen anregen. Motivierend ist eine Aufgabe vor allem dann, wenn der Lerninhalt **„anschlussfähig“** ist, das heißt, der neue Lerninhalt kann gut gelernt werden, weil bereits ein **Vorwissen** für das neu Gelernte **vorhanden** ist. Der Weg zum Ziel führt über eine Anknüpfung an das Vorwissen auf etwas höherem Niveau. Somit entsteht im Idealfall vereinfacht gesagt eine **Anpassung im Körper** des Kindes, welche nach einer Regenerationsphase eine Verbesserung der sportlichen Leistungsfähigkeit ermöglicht. Eine biologische Anpassung sollte z. B. in einem besser vernetzten Nervensystem, mehr Muskelmasse, stabileren Knochen und Gelenken, sowie einer besseren Sauerstoffversorgung im Körper, aber im Hinblick auf Erziehung beispielsweise auch zu einer höheren **kognitiven Leistungsfähigkeit** und einer besseren **Verhaltenskontrolle** führen. Das Erlernen besserer Verhaltensweisen ist letztlich auch ein Lern- und Entwicklungseffekt, der einer sportmotorischen Anpassung ähnelt.

Allerdings erfolgen die meisten Anpassungsvorgänge im Gehirn bzw. auf nervaler Ebene (Nervenbahnen/ Nervenverbindungen/ etc.). Es werden dann zum Beispiel Verbesserungen in folgenden Bereichen sichtbar:

- Eine bessere **Enkodierung** („Ich verstehe, wovon mein Trainer redet“)
- Eine höhere **Verarbeitungsgeschwindigkeit** („Ich habe es schnell kapiert“)
- Ein besseres **Handlungswissen** („Ich weiß, was richtig und was falsch ist“)
- Eine bessere **neuronale Vernetzung** („Das kenne ich schon, das kann ich gedanklich verbinden“)
- Eine bessere **Selektionsfähigkeit** der **Aufmerksamkeit** („Ich kann mich gut auf das Wesentliche konzentrieren“)
- Bessere **Interaktion kognitiver Prozesse** („Ich kann all diese Prozesse gut koordinieren“)

Falls Sie jetzt kurz mit diesen Begriffen überfordert sind, ist das kein Problem, da wir uns ja ohnehin auf die praktische Arbeit konzentrieren möchten. Die Erfolge sollten sie schließlich in einem „besseren Verhalten“ oder „besseren Lernfortschritten“ erkennen können. Die im Hintergrund stattfindenden Entwicklungsprozesse sind für sie als Kindersporttrainer/in weniger wichtig. Dies ist schließlich die Aufgabe der Sport- und Erziehungswissenschaftler/innen, trotzdem ist es hilfreich, von solchen Anpassungsvorgängen einmal gehört zu haben.

Sie wissen sicherlich bereits, dass **kleine Erfolgserlebnisse** durch kurzfristige Ziele im Kindesalter sehr wichtig sind, um die Kinder nicht zu überfordern und um die Kinder gut zu motivieren. Die Lehrkraft muss sehr **sensibel für das Vorwissen** bzw. die motorischen Vorerfahrungen der Kinder in diesem Alter sein, um die Lernumgebung so zu gestalten, dass diese von den Kindern optimal angenommen wird bzw., dass das optimale Anforderungsniveau getroffen wird. Meist kann die Lehrkraft durch **genaues Beobachten** in diesem Alter sehr schnell erkennen, ob ein Kind Interesse am Lerngegenstand hat und seine **Aufmerksamkeit darauf richtet** oder nicht. Ohne Aufmerksamkeit ist kein Lernen möglich. Und je **emotionaler** ein Kind innerhalb einer Lernumgebung aufgeladen ist, umso besser wird gelernt. Um den Kindern ihre eigenen Lernfortschritte bewusst zu machen und das Gelernte zu festigen, sollten **Inhalte systematisch aufgebaut und wiederholt** werden. Soweit zu den allgemeinen Hintergründen des Lernens im Kindersport. Wir wollen aber im Folgenden nicht nur allgemeine Sichtweisen und Aspekte erwähnen, sondern Ihnen auf Basis einiger gezielter Hintergrundinformationen zu den Bereichen Erziehen, Lernen und Vermitteln das Wichtigste prägnant zusammenfassen, um ihr grundlegendes Verständnis von Erziehung aufzufrischen und um Ihr Verständnis für die späteren praktischen Maßnahmen zu entwickeln. Als Erstes soll der Begriff des „Erziehens" genauer unter die Lupe genommen werden, damit wir davon ausgehend Hintergründe aufdecken können.

Auch im Sport mit Kindern ist pädagogisches Know-how wichtig. Viele der später genannten Hinweise für den Unterricht in der Praxis basieren auf den im Folgenden genannten Entwicklungen und Theorien. Lehnen Sie sich also entspannt zurück und lassen sie das Kapitel der großen Wissenschaftler in der Geschichte der Pädagogik einfach auf sich wirken, bevor wir die wichtigen Erkenntnisse in der heutigen Praxis anhand unserer Checkliste am Ende dieses Buches umsetzen.

1.1.1 Was bedeutet eigentlich Erziehung?

Erziehen wurde in der Historie unterschiedlich definiert: Friedrich Herbart (2002) bezeichnete es als „Regieren und Zucht“, Rousseau (2015) als „Kinder selbst wachsen lassen“ (bzw. sieht Erziehung als etwas Negatives an). Pestalozzi geht davon aus, dass das Kind natürliche Strebkräfte besitzt und das Helfen im Leben wichtig ist (vgl. Osterwalder, 2008). Kurt Lewin (1926) und Diana Baumrind (vgl. Uhlendorff, 2001) meinen, dass Kinder stark geführt werden müssen. Watson und Bandura gehen von (biologischer) Anpassung und Lerntheorien aus.

Erziehung lässt sich nach Wolfgang Brezinka (1978) als „soziale Handlungen“ definieren, durch die Menschen versuchen, das Gefüge der psychischen Dispositionen anderer Menschen dauerhaft zu verbessern, zu erhalten oder zu beseitigen. Das Recht, Kinder zu erziehen, resultiert aus der Ansicht, dass Erwachsene kompetenter sind als Kinder (man spricht auch von einem Kompetenzgefälle) und dass es eine klare Rollenverteilung in unserer Gesellschaft gibt.

Erziehen findet dabei oft als absichtliches methodisches Vorgehen, gebunden an Themen und Gegenständen und eingebettet in Institutionen (in unserem Fall der Sportschule) sowie in einem gesellschaftlich-historischen Kontext statt. Erziehung geschieht also (im Gegensatz zur Sozialisation) **planvoll und bewusst**.

-> Für die **Praxis** bedeutet das ...
Kinder nicht aus der emotionalen Befindlichkeit heraus ermahnen oder gar anschreien, sondern sich besser Gedanken zu machen, wie man ein Verhalten über einen **längeren Zeitraum hinweg systematisch** anhand eines **planvollen Vorgehens** umerziehen kann.

1.1.2 Das Familienbild hat sich gewandelt

Familien haben sich in den letzten Jahrzehnten immer wieder gewandelt. Inzwischen existieren viele Varianten von Familien, wie z. B. getrennt lebende, alleinerziehende Eltern, homosexuelle Paare mit adoptiertem Kind, etc. Die traditionelle Kernfamilie besteht z. B. in Deutschland noch zu 71,5 %. Die Scheidungen haben sich in den letzten 10 Jahren verdoppelt, während sich die Eheschließungen in den letzten 10 Jahren halbiert haben. Im Schnitt bekommt jede Familie statt 4,8 Kinder früher nur noch 1,4 Kinder. Über 60 % aller Kinder werden zudem nicht-ehelich geboren. Es gibt 14,8 % Alleinerziehende in Deutschland. Dazu kommen 13,6 % Stieffamilien, sowie 0,1 % Adoptiv- und Pflegefamilien. Diese historischen Entwicklungen gilt es im Hinterkopf zu bewahren, um für Kinder im Unterricht ein besseres Verständnis aufbringen zu können.

-> Für die **Praxis** bedeutet das ...
Kinder haben aufgrund ihrer Familiensituation unterschiedlich starken Rückhalt. Deshalb brauchen manche Kinder mehr Halt und Führung als andere. Eine gute Lehrkraft **reagiert sensibel** auf Kinder, die diesen zusätzlichen Halt brauchen.

1.1.3 Erziehungsstile

Im historischen Kontext haben sich auch Erziehungsstile gewandelt. Das Gesetz zur Ächtung von Gewalt an Kindern wurde im Bürgerlichen Gesetzbuch festgehalten. Gewalt an Kindern war früher jedoch üblich. Durchgesetzt hat sich derzeit der Erziehungsstil von Maccoby und Martin (1992), welche eine autoritative (Vorsicht: Nicht autoritäre!) Erziehung vorsieht. Dabei sollen die Kinder **stark kontrolliert** werden und gleichzeitig viel **Zuwendung und Wärme** erfahren. Andere Erziehungsstile sind z. B. permissiv-verwöhnend, permissiv-vernachlässigend oder stark autoritär. Ein permissiv-verwöhnender Erziehungsstil (hohe Zuwendung und Wärme bei geringem Grenzen setzen), ist für Kleinkinder bis 3 Jahre durchaus auch sinnvoll. Danach jedoch nicht mehr, da Kinder in der Regel ab ca. 4 Jahren lernen können, sich an Regeln zu halten. Davor bringt ein Erklären von Regeln und die Hoffnung auf Einsicht des Kleinkindes nur selten Erfolg. Autoritativ erzogene Kinder haben nachweislich ein **besseres Selbstwertgefühl** (v. a.

im Gegensatz zu autoritär erzogenen Kindern, die häufig unsicher und ängstlich sind). Autoritativ erzogene Kinder zeigen zudem weniger Problemverhalten (im Gegensatz zu permissiv-vernachlässigten Kindern, welche häufig massive psychische Störungen aufweisen). Sie erbringen bessere schulische Leistungen, sind weniger depressiv und weniger ängstlich.

Steinberg sieht die Supervision bzw. das Monitoring durch Erfragen, Kontrollieren und Selbstöffnung der Kinder als relevant an. Dabei hat es positive Auswirkungen, wenn auf Konsequenzen verwiesen wird oder eine Verhaltenskontrolle stattfindet. Psychologische Kontrolle wirkt sich eher negativ aus.

Erziehung ist zunehmend anspruchsvoller geworden und der frühe Leistungsdruck in unserer immer schneller werdenden Leistungsgesellschaft führt zu immer mehr verhaltensauffälligen Kindern. Erziehung darf aber nicht nur Zielsetzungen folgen, sondern muss auch auf das Verhalten der Kinder reagieren.

-> Für die **Praxis** bedeutet das ...
Kinder sollten viel **Wärme und Zuneigung**, aber gleichzeitig auch stets eine **Kontrolle ihres Verhaltens** von der Lehrkraft erhalten.

1.1.4 Was sagt die Bildungsforschung?

Aus der Bildungsforschung können immer wieder interessante Aspekte für die Arbeit mit Kindern gewonnen werden. Die empirische Bildungsforschung sieht sich insbesondere als stark handlungsorientiert und versucht Begründungszusammenhänge herzustellen. Beispielsweise kann man feststellen, dass **hohe Trainer(innen)erwartungen** zu besseren Leistungen der Kinder führen. Bei der Bewertung der Studien ist stets zu überprüfen, wie die Untersuchungen durchgeführt wurden (war die Stichprobe der Versuchspersonen groß genug, kann die Aussage auf alle Kinder übertragen werden, etc.). Alle in diesem Leitfaden genannten Aussagen basieren auf wissenschaftlich fundierten Hypothesen. Die hier erwähnten Empfehlungen basieren also auf gesicherten wissenschaftlichen Erkenntnissen aus der Erziehungs- und Sportwissenschaft.

-> Für die **Praxis** bedeutet das ...
Gute Studien haben einen **hohen Nutzen** für die allgemeine Gültigkeit und bringen durchaus nützliche Erkenntnisse für Kindertrainer(innen). Es gilt aber auch, **gute Studien** von **schlechten Studien** zu unterscheiden und zu beachten, dass wissenschaftliche Erkenntnisse **niemals immer gültig** sind.

1.1.5 Inklusive Bildung für eine friedliche Gesellschaft

Im Zusammenhang mit der zunehmenden Einwanderung oder bei behinderten Menschen spricht man immer öfter von „Inklusion“ und in diesem Zusammenhang auch von „inklusiver Bildung“. Wie lassen sich Kinder mit anderen Kulturen und Sprachen nicht nur integrieren, sondern wie können die verschiedenen Kulturen miteinander leben. Nach Hinz (2006) hat jeder Mensch das gleiche Recht auf individuelle Entwicklung und soziale Teilhabe. Inklusion im Bildungsbereich meint einen uneingeschränkten Zugang und eine vorbehaltlose Zugehörigkeit zu allen Bildungseinrichtungen **für alle Kinder**. Inklusion ist daher auch an unserer Kindersportschule zur Aufgabe geworden und die Anerkennung aller Kinder mit all ihren Schwächen ist stets relevant. Nach Werning (2006) besteht die Zauberformel darin, gemeinsamen Unterricht als differenzierten und gleichzeitig individualisierten Unterricht zu gestalten. Im Idealfall kommen gesunde und sportliche Kinder mit Kindern, die einen Förderbedarf haben, zusammen. Dies bietet gute Chancen, Inklusion zu betreiben.

-> Für die **Praxis** bedeutet das ...
Alle Kinder am Sportprogramm **teilhaben zu lassen** und niemanden auszuschließen, soweit dies realisierbar ist.

1.1.6 Welches Bildungssystem ist heute sinnvoll?

Humboldt hat von der „höchsten proporzionierlichsten Bildung" gesprochen und sieht die **Allgemeinbildung als wichtiges Fundament** für die Alltagsbewältigung in der Gesellschaft an. Damit ist auch gemeint, dass Bildung immer in den richtigen Proportionen (spezifisches Fachwissen versus allgemeine Bildung) stattfinden muss. Wolfgang Klafki (1964) spricht von kategorialer Bildungstheorie, welche „fachliches Lexikonwissen" und „Entwicklung von Persönlichkeitseigenschaften" vereinen soll. Die Begründung für eine Allgemeinbildung als Bildung für **alle** findet sich in der Selbstbestimmung, Mitbestimmung und Solidaritätsfähigkeit des Menschen wieder. Die allgemeine Bildung soll in allen Grunddimensionen menschlicher Fähigkeiten erfolgen: kognitiv, handwerklich-technisch, sozial, ästhetisch, ethisch/ politisch. Alle diese Fähigkeiten sollten im Unterricht im Rahmen der Allgemeinbildung integriert werden. Zum Beispiel dürfen Kinder auch Spiele auswählen, wodurch die politische Mitbestimmungs- und Entscheidungsfähigkeit gestärkt wird. In Partnerübungen lernen Kinder sozial zu kooperieren und in Tanzbewegungen gewinnen sie kreativ-ästhetische Kompetenzen dazu. Auch grundlegende Eigenschaften wie Kritikbereitschaft, Argumentation, Empathie und vernetztes Denken werden in der Sportschule gefördert. Lernen findet hier in den vier didaktischen Prinzipien exemplarisches, methodenorientiertes, handlungsorientiertes sowie sachbezogenes und soziales Lernen statt. Nach Roth (2015) soll das Bildungswesen zudem Begabungen fördern, jedoch begabte Kinder nicht bevorzugen, sondern alle Kinder gleichbehandeln.

-> Für die **Praxis** bedeutet das ...
Die **Allgemeinbildung** als wichtigen Erziehungsbaustein für alle Kinder auch im Sportunterricht zu fördern und **kognitive, handwerklich-technische, soziale, ästhetische und ethische Aspekte** in den Sportunterricht miteinfließen zu lassen und deren **Relevanz** anzuerkennen.

1.1.7 Balance zwischen Freiheit und Zwang

Überlegen Sie sich zunächst, was Ihnen in Ihrer Kindheit an Lehrern gut gefallen hat und was Ihnen eher weniger gefallen hat. Was hat Ihnen besonders an Lehrern imponiert? Was sind die Vorteile und was sind die Nachteile ihrer Tätigkeit? Wie reagieren sie z. B. bei respektlosem Verhalten der Kinder?

Pädagogisches Handeln beschäftigt sich mit der Ermöglichung von Freiheit, mit der Anerkennung von Zwang, mit der **Vermittlung zwischen Freiheit und Zwang**, vorrangig zum Zwecke der Bildung und Erziehung. Freiheit und Zwang müssen also **im richtigen Verhältnis stehen**. Schneewind (2012) spricht auch von „Freiheit in Grenzen“. Pädagogisches Handeln hat immer etwas mit **Unsicherheit** zu tun, da ständig **unvorhersehbare Situationen** auftreten können, für die es meist keine klare und eindeutige Lösung gibt. Sportlehrkräfte sind daher stets stark gefordert, ihr gesamtes Wissens- und Erfahrungsrepertoire spontan abzurufen oder langfristig zu planen. Kern des pädagogischen Handelns ist das **Initiieren von Lernangeboten** und

Interventionen, die Verarbeitung bzw. **Reaktion des Schülers** darauf sowie die **Evaluation** (z. B. in Form von Lob oder Konsequenzen).

-> Für die **Praxis** bedeutet das ...
Anzuerkennen, dass Sie **nicht** alle schwierigen Erziehungssituationen immer **perfekt lösen** können. Sie können aber **gute Lernangebote** initiieren, durch Kontrolle des Verhaltens der Kinder **frühzeitig eingreifen** (intervenieren), die **Reaktion** des Kindes **wahrnehmen** und dokumentieren sowie mit **Lob** oder **Strafen** ein Verhalten **verstärken** oder abgewöhnen.

1.1.8 Erziehung - ein ständiges Aushandeln

In der Epoche der Aufklärung begann Freiheit gegenüber den zuvor starken Zwängen zunehmend an Wert zu gewinnen. Kant (1795) spricht davon, Kinder mündig zu machen und zu Selbstbestimmung zu erziehen. Die Befreiung des Kindes aus der Unmündigkeit war sein Ziel. Weitere Experten wie Heitger (1968) oder Fromm (1941) sprechen von Autonomie und Unabhängigkeit als Ziele der Erziehung. Dabei wurde auch erkannt, dass Kinder sich gerne wieder Regeln unterwerfen, wenn sie (zu) viele Freiheiten haben. Kinder sind dann eher bereit, sich Zwängen zu unterwerfen. Diese Einsicht ist aber erst ab ca. 4 Jahren gegeben. Im Gegensatz zum Freiheitsgedanken steht der Zwang, welcher von Bentham (2013) und Francke (1733) mit absoluter Kontrolle postuliert wird. Nach Schneewind (2012) ist eine Erziehung von Freiheit in Grenzen anzustreben. Kinder sollen zu **selbstständigen und autonomen** Kindern **zum Zwecke von Erziehung und Bildung** geführt werden. Dabei sollte der autoritative Führungsstil, also liebevolle starke Zuwendung und Aufmerksamkeit mit hoher **Selbstständigkeit des Kindes und starker Führung** und Kontrolle bzw. Grenzen setzen, angewendet werden.

-> Für die **Praxis** bedeutet das ...
Kinder sollen auch im Sportunterricht zu **selbstständigem Handeln** angeleitet werden. Dabei ist ein **ausgewogenes Verhältnis** zwischen **Freiheiten** und **Regeln** notwendig, welches eine hohe **Sensibilität** der Lehrkraft erfordert.

1.1.9 Antinomien wird es immer geben

Nach Helsper (2001) ist die Sportlehrkraft ständig Antinomien (unüberwindbaren Widersprüchen) ausgesetzt. Diese Widersprüchlichkeiten sind nicht auflösbar und erzeugen eine dauerhafte innere Spannung im Unterricht. Dazu gehören die **Praxisantinomie** (es wird immer eine Kluft zwischen Theorie und praktischer Anwendung geben, wenn sie etwas theoretisch vermitteln), **Ungewissheitsantinomie** (sie können nicht wissen, was die Schüler gerade denken), **Machtantinomie** (sie können nie alle Kinder zu 100 % gleich behandeln), **Näheantinomie** (sie haben immer ein Problem mit der Distanz und Nähe zu den Kindern, da junge Kinder sich oft gerne an Sportlehrer anschmiegen, Distanz aber wichtig ist), **Sachantinomie** (gelernte Inhalte im Sportunterricht sind nicht immer ganz auf reale Situationen übertragbar). Zudem haben sie als Sportlehrer/in viele teils widersprüchliche Erwartungen von verschiedenen Seiten zu erfüllen (Wünsche des Hausmeisters, der Eltern, der Kinder, der Leitung, der Vermieter, der Vereinsvorstände etc.). Sie können nicht alle Wünsche erfüllen und müssen das auch nicht.

-> Für die **Praxis** bedeutet das ...
Entspannt zu **bleiben**, auch wenn nicht alles immer rund läuft und das „ständige **Ausbalancieren**“ der Widersprüche als Normalzustand anzusehen.

1.1.10 Was macht einen guten Trainer/ eine gute Trainerin aus?

Auch damit beschäftigt sich die Sportpädagogik. Nach Befragungen von Kindern zeichnet sich ein guter Sportlehrer neben **Fachkompetenz** auch durch Sportlichkeit, Gerechtigkeit, Zuverlässigkeit, Kameradschaftlichkeit, Beliebtheit, Schwung und Verständnis aus. Er sollte keinesfalls rechthaberisch sein. **Empathie** (Feingefühl und Verständnis für die Kinder), **Management** des Unterrichts, **Commitment** (innere Überzeugungen/ Werte/ soziale Einstellung), Reflexion und Selbstkritik, **pädagogische Fähigkeiten,** Zusammenarbeit mit Kollegen/ Eltern und Lehrplan-Wissen werden nach Altrichter als Eigenschaften eines guten Sportlehrers bezeichnet. Herzog (2014) meint, der gute Sportlehrer ist u. a. spontan, motiviert, **berücksichtigt Wünsche und Interessen der Kinder,** lässt Kindern Raum für eigene Gestaltungsfreiheit**, ist tolerant und geduldig**.

Er **unterstützt** die Kinder beim Erreichen ihrer Ziele. Diese Erkenntnisse werden auch von zahlreichen erfahrenen Experten und Sportlehrkräften bestätigt.

-> Für die **Praxis** bedeutet das ...
Sich als Sportlehrkraft dieser Fähigkeiten **bewusst** zu sein und sich diese **bestmöglich anzueignen** bzw. diese **bestmöglich umzusetzen**.

1.1.11 Die Entwicklungsstufe kennen

Nach Piaget erfolgt die psychische Entwicklung des Kindes in verschiedenen Stadien. Bis zwei Jahre befinden sich die Kinder nach Piaget in der sensomotorischen Phase. Die Entwicklung der Intelligenz erfolgt durch sensorische und motorische Fähigkeiten in sechs Stufen. Die Kinder handeln in dieser Altersstufe stets im **Hier und Jetzt** (Sie beschäftigen sich nicht mit der Zukunft oder der Vergangenheit). Bis ca. acht Monate alte Kinder suchen nicht nach einem Objekt, wenn sie es nicht sehen (sogenannte Objektpermanenz existiert noch nicht). Versteckt man einen Gegenstand hinter dem Rücken, wird er von Kindern dieses Alters auch nicht mehr gesucht. Mit ca. eineinhalb Jahren besitzen sie die Fähigkeit, zeitlich verzögert **Bewegungen nachzuahmen**. Eine dauerhafte mentale Repräsentation ist dann bereits möglich und kann zeitlich verzögert als Verhalten reproduziert werden.

In der präoperationalen Phase bzw. im Alter von zwei bis sieben Jahren, beginnen die Kinder Sprache und Symbole zu gebrauchen. Sensorische Aktivitäten werden zunehmend durch geistige ersetzt. Eine symbolische Repräsentation (durch Schrift/ Sprache/ etc.) wird möglich. Zukunft und Vergangenheit werden mit einbezogen. In dieser Phase sind die Kinder stark **egozentrisch** und denken daher vorrangig an sich selbst. Zudem sind Sie stark auf sich zentriert. Besonders im Kindergartenalter fallen **Partnerübungen** daher **oft noch schwer**.

Betrachtet man die Entwicklung des Selbst eines Kindes, so sieht man, dass sogar schon Säuglinge eine Vorstellung vom **Selbst** besitzen. Im Alter von zwei bis vier Monaten haben Sie bereits eine Vorstellung von ihrer Fähigkeit, Objekte außerhalb ihres Selbst kontrollieren zu können (z. B. beim Anstoßen eines Balles). Das Selbst kann grundsätzlich als ein System von Konzepten, welches aus Gedanken und Einstellungen zu sich selbst besteht, angesehen werden. Dazu gehören auch Gedanken über Materielles, Soziales und Geistiges. Mit 18 bis 24 Monaten erkennen sich Kinder bereits selbst im Spiegel (vgl. Asendorpf, 1996). Mit zwei Jahren können sich viele Kinder auf Fotos erkennen.

Mit zwei Jahren werden die Kinder langsam selbstbewusster und benutzen zunehmend die Sprache. Sie können **Pronomina** wie „Ich/ mein“ benutzen und sich selbst beim eigenen Namen nennen. Eltern und Trainer tragen zur Entwicklung des Kindes bei, indem Sie beschreibende Informationen über das Kind (z. B. „du bist aber groß geworden!“/ „du bist so schlau!“) und über die Einhaltung von Normen und Regeln (z. B. „brave Mädchen hauen ihren

Bruder nicht!“) liefern. Hier sehen wir erneut, wie wichtig ein gutes Feedback für Kinder ist.

Im Alter von drei bis vier Jahren überschätzen sich Kinder gerne, weil sie sich eine mentale Repräsentation eines **Idealbildes** aufbauen, welches für ihre Entwicklung wichtig ist (vgl. Trzesniewski, 2010). Ein Kind in diesem Alter sagt z. B. es ist gut im Turnen, es kann sogar schon eine Rolle vorwärts und ein Rad (auch wenn diese Techniken bisher wenig bis schlecht gelingen). Das Erhalten positiver Illusionen wird auch dadurch gestützt, dass frühere Erfolge und Misserfolge noch nicht in Betracht gezogen werden und kaum ein sozialer Vergleich mit anderen Kindern stattfindet. Sie bewerten sich selbst in diesem Alter aufgrund ihrer körperlichen Attribute (**Aussehen**), ihrer **körperlichen Fähigkeiten** („Ich kann gut springen“), **sozialen Beziehungen** („Ich habe einen Bruder und eine Schwester“) und psychischen **Zuständen** („Ich bin immer freundlich!“). Aussagen der Kinder sind eng an deren tatsächliches Verhalten geknüpft. Kleine Kinder beschreiben sich auch anhand ihrer Vorlieben und **Besitztümer**. Geringer Besitz bzw. etwas nicht von den Eltern bekommen, was man sich wünscht, kann dann z. B. zu einem niedrigeren Selbstwertgefühl führen, da sich das Kind auch am materiellen Status einschätzt. Diese Aspekte zeigen auf, wie wichtig sportliche Kompetenz schon im Kleinkindalter für die Entwicklung eines stabilen Selbstwertgefühls sind.

Im Kleinkindalter sind Bänder und Muskeln zwar sehr „**elastisch**“ und flexibel, der passive Bewegungsapparat (Knochen mit Wachstumsfugen) können jedoch bei hohen Gewichten und länger andauernder einseitiger Belastung

geschädigt werden. Grundsätzlich ist das Sammeln von möglichst vielseitigen Bewegungserfahrungen wichtig, um später schnellere Lernfortschritte zu erzielen. Daher liegt der Schwerpunkt eher auf dem **Koordinationstraining** als auf dem Kraft- oder Ausdauertraining. Insbesondere das Training der **Wahrnehmung** (Hören, Sehen, inneres Spüren, Tastsinn etc.) ist in der sensomotorischen Phase sehr gut entwickelbar und eine wichtige Voraussetzung für späteres Lernen. Kinder sind in diesem Alter oft noch schüchtern und vorsichtig. Auch das regelmäßige wöchentliche Training fällt ihnen schwer. Da Kinder noch viel Energie und längere Anpassungszeit für den passiven Bewegungsapparat bzw. das Wachstum brauchen, sollten Sie nicht zum Sporttreiben gezwungen werden und auch einmal eine Woche aussetzen dürfen, wenn es nötig ist.

1.2 Wesentliche Erziehungsmaßnahmen

1.2.1 Beziehung aufbauen.

Die **Beziehung zum Trainer/ zur Trainerin** ist ebenfalls für die Motivation der Kinder relevant, da Kinder motivierter arbeiten, wenn Sie den Trainer/ die Trainerin mögen. Bevor Sie einem Kind Aufgaben und Anweisungen geben, sollten Sie immer zuerst eine positive Beziehung zum Kind aufbauen. Dabei ist natürlich gegenseitige Akzeptanz und Vertrauen sehr wichtig. Sehen Sie jedes Kind in einem positiven Licht, andernfalls wird es Ihre Antipathie unbewusst spüren und Sie auch weniger mögen.

Eine **gute Beziehung** zu den Kindern zu haben ist nicht nur aus Selbstinteresse wichtig. Es dient auch dem Lernen, da die Bereitschaft der Kinder zum Lernen höher ist, wenn eine gute Beziehung zum Trainer/ zur Trainerin besteht. Aber wie lässt sich sicherstellen, dass Kinder mich als Lehrkraft mögen? Kann ich das überhaupt beeinflussen? Die Antwort ist ganz klar „Ja!". Wichtig ist dabei, dass die Kinder mit der Zeit ihre Lehrperson mit positiven Dingen assoziieren (mit positiven Gedanken verbinden). Das kann z. B. ein humorvoller Umgang mit den Kindern sein, denn wenn Kinder ihren Trainer/ ihre Trainerin lustig finden und oft lachen können, schüttet der Körper positive Glückshormone (Endorphine/ Dopamin) aus. Die gedankliche Verbindung „mein Trainer/ meine Trainerin ist lustig" schafft eine positive Beziehung zum Kind. **Witzige Aktionen/ Gesten und Worte** können also die Beziehung zum Kind verbessern. Aber auch die **Inhalte**, die Sie als Trainer/in den Kindern anbieten, sollten den Kindern Spaß machen und deren **Bedürfnisse befriedigen**, damit die Kinder mit Ihnen als Lehrperson positive Dinge verbinden. Auch mal eine kleine **Überraschung** am Ende der Stunde (Süßigkeiten oder kleine Geschenke) eignen sich gut, um eine positive Beziehung aufzubauen. Achten Sie dann jedoch unbedingt darauf, dass die Süßigkeiten nicht als Belohnung eingesetzt werden, sondern einfach als einmalige überraschende und freundliche Geste. Auch, wenn **sich** Kinder bei Ihnen **sicher fühlen**, kann das eine positive Beziehung ermöglichen.

-> Für die **Praxis** bedeutet das ...

Positive Emotionen und Ereignisse der Kinder **mit Ihnen als Lehrerperson** zu **verbinden**.

1.2.2 Motivieren

Jeder Mensch hat **Bedürfnisse**, die er erfüllen muss bzw. möchte. Kinder haben das Bedürfnis, etwas lernen zu wollen. Der Lerninhalt sollte also auch ermöglichen, Neues zu lernen. Auch auf angenehme Temperaturen, frische Luft und genügend Essen und Trinken muss geachtet werden, denn bei Hitze, Hunger und Durst sind Kinder kaum zum Lernen zu motivieren. Berücksichtigen Sie daher die Bedürfnisse der Kinder, um motivierende Bedingungen für ein angenehmes Lernen zu schaffen (vgl. Maslow, 1987).

Emotionen spielen eine wichtige Rolle. Macht das Thema Spaß bzw. ist es mit positiv assoziierten Lernerfahrungen verbunden, so macht das Lernen mehr Spaß. Da die sogenannte „Amygdala" im Zentrum unseres Kopfes an Emotionen beteiligt ist und stark mit dem Langzeitgedächtnis verbunden ist, festigt sich das, was Spaß macht, besonders gut, auch weil dabei Hormone wie Dopamin ausgeschüttet werden, die das Lernverhalten zusätzlich verstärken. Sicherlich haben Sie schon festgestellt, dass Kinder häufiger lachen als Erwachsene. Dies liegt auch an der vermehrten Ausschüttung von Glückshormonen beim Lernen. Lernen ist also etwas Schönes, wenn es richtig angeboten wird. Beispielsweise kann man zuerst mit dem Seil die Kinder „Reiter und Pferd" spielen lassen, bevor man die Methodik des Seilspringens anwendet, um das Thema Seilspringen emotional-positiv aufzuladen und somit den Einstieg für Kinder erleichtern.

Als Lehrkraft sind Sie zudem das Rollen-Modell für die Kinder. Die Kinder nehmen Sie als Muster-Modell und ahmen alle ihre Eigenschaften, Verhaltensweisen, Bewegungen und vieles mehr nach. Wenn Sie als Lehrkraft Spaß und **Freude am Lernen vorleben,** werden auch die Kinder motivierter lernen.

Ziele können ein hoher Motivationsfaktor sein, besonders wenn sie von den Kindern selbst angestrebt werden (aus deren innerer Überzeugung heraus) und die **Ziele schwierig, aber auch machbar** sind. Dabei sollten Kinder nicht sagen „Ich muss Ziel X erreichen“, sondern „Ich möchte Ziel X erreichen“. Diese Formulierung ändert die gesamte Einstellung zum Lernen und nimmt starken Druck von den Kindern.

Eine angenehme und **vertrauensvolle Gruppenatmosphäre** trägt dazu bei, dass sich jedes Kind in der Gruppe wohlfühlt und dies kann die Motivation sehr stark anheben. Fühlt sich das Kind in der Gruppe unsicher oder ist es sogar ängstlich, blockiert dies grundsätzlich die Lernfähigkeit des Kindes. Deshalb sollte auch eine gute, disziplinierte Gruppenführung durch Sie als Lehrkraft stattfinden.

Intrinsische Motivation entsteht, wenn Kinder von sich aus gerne zum Sport gehen und lernen, ohne dafür eine Belohnung zu erhalten. Diese Kinder sind langfristig stark motiviert, weil sie des Lernens und des Sports Willen zum

Sportunterricht gehen (im Gegensatz zu extrinsisch-motivierten Kindern, die nur für Belohnungen lernen). Belohnungen können sogar die intrinsische Motivation verschlechtern.

Motive sind Beweggründe, die Kinder dazu anregen, sich anzustrengen und sich mit sportlichen Inhalten effektiv auseinanderzusetzen. Motivation kann durch sehr viele Dinge gezielt angeregt werden. Deci und Ryan (1993) sehen **Kompetenzerleben**, **Autonomieerleben** und das Erleben **sozialer Einbindung** als wichtige Aspekte der Motivierung:

- **Kompetenzerleben:** Kinder, die ihre eigenen Fortschritte als Kompetenzen erleben, sind motivierter weiterzulernen. Wer z. B. ein Rad gelernt hat, ist motivierter, weitere Übungen im Turnen zu erlernen, wenn er die neue Fertigkeit als Kompetenz wahrnimmt.

- **Autonomie:** Ermöglichen Sie den Kindern **selbstständige Wahlmöglichkeiten**, z. B. können sich die Kinder am Ende der Stunde ein Spiel aussuchen oder eigene Lösungswege finden. Auch bei Kindern mit Förderbedarf kann die Übertragung von kleinen **verantwortungsvollen Aufgaben** sowie die **Mitbestimmung** bei Unterrichtsinhalten oft Wunder bewirken.

- **Soziale Einbindung und Akzeptanz**: Achten Sie darauf, dass alle Kinder integriert sind und Sie alle Kinder so akzeptieren wie sie sind.

Weitere Aspekte der Motivation werden in der Literatur (vgl. Keller, 2010) unter dem Begriff **ARZZ-Modell** zusammengefasst (**Aufmerksamkeit, Relevanz, Zuversicht, Zufriedenheit**). Gewinnen Sie die **Aufmerksamkeit** der Kinder durch **unvereinbare Dinge, Konflikte, Humor, Phänomene, coolen Geräteaufbau, Konkretisierungen, interessante Kleingeräte** und zeigen sie die **Relevanz der Lerninhalte** kurz auf (derzeitiger Wert, zukünftiger Wert, bedürfnisorientiert, vorbildlich, reales Problem). Zuversicht, dass die Kinder die Aufgaben bewältigen können, wenn sie sich anstrengen sowie ein anschließendes **Erfolgserlebnis** motiviert ebenfalls. Auch **Zufriedenheit** durch **unerwartete Auszeichnungen** oder **überraschendes Lob** fördert die Motivation. Im **Target-Modell** sind Tasks, **interessante** und **emotionalisierende Aufgaben**, gute Motivationsmöglichkeiten. **Autonomie** und **Verantwortungsübernahme**, **Rekognition** (Anerkennung, für Anstrengungen und Fleiß loben), **Gruppierungen, Evaluation** (Feedback unterstützen) und das **richtige Timing** (ausreichende Lernzeit geben) sind weitere Motivationsfaktoren.

-> Für die **Praxis** bedeutet das ...
Motivationsmaßnahmen bewusst in das Trainingsprogramm integrieren: Die Kinder an **Entscheidungen beteiligen**, **sozial einbinden** und ihnen **verantwortungsvolle Aufgaben** übertragen. Die **Aufmerksamkeit** gewinnen, **Zuversicht und Zufriedenheit** vermitteln sowie **Erfolgserlebnisse** ermöglichen und Kinder durch **positives Feedback unterstützen**.

1.2.3 Feedback geben

Auch das Thema **Feedback** spielt beim Lernen im Sport eine wichtige Rolle. Zunächst einmal muss jeder Lehrkraft bewusst sein, dass man ständig Feedback an die Kinder zurückgibt. Damit ist nicht nur die verbale Beurteilung einer festgestellten Leistung gemeint, sondern dass durch jede Mimik, Gestik, Körperhaltung, Aufmerksamkeitssteuerung etc. ständig eine Kommunikation durch Sie als Elternteil bzw. Lehrkraft erfolgt. Wenn Sie sich zum Beispiel einem anderen Kind etwas mehr zuwenden, um es bei einer Übung zu unterstützen, kann dies von einem anderen Kind als ein negatives Feedback wahrgenommen werden, weil sich das Kind denkt, dass es weniger Aufmerksamkeit erhält als andere. Daraus kann sich das Kind dann ein negatives Selbstbild aufbauen, da es seiner Meinung nach nicht so viel wert ist wie andere Kinder (wie dies z. B. auch häufig bei jungen Geschwistern beobachtet werden kann).

Manche Kinder mit schwachem Selbstbewusstsein haben zudem eine einseitige **Tendenz**, überwiegend das **negative Feedback** wahrzunehmen (auch, wenn dies oft gar nicht so gemeint ist) und schaden damit ihrem Selbstwertgefühl. Folgende Aspekte sind demnach in Bezug auf Feedback für ein optimales Lernen (im Sport) sehr wichtig:

- **Sensibilität:** Lehrkräfte bzw. Eltern müssen sehr sensibel für die Gefühle der Kinder sein und sich darüber bewusst sein, dass sie ständig Rückmeldungen an die Kinder geben, immer wenn Interaktionen entstehen oder soziale Zusammenkünfte mit den Kindern stattfinden, also nicht nur, wenn man mit dem Kind spricht.

- **Empathie:** Die Lehrkrafte bzw. Eltern müssen zudem empathisch agieren. Das heißt, Sie müssen die Situation aus der Sicht des Kindes wahrnehmen können, sich in die Gefühle des Kindes einfühlen können. Aus der neuen Perspektive betrachtet, kann dann entsprechend gehandelt werden.

- **Support:** Die Lehrkräfte bzw. Eltern müssen das Kind gut unterstützen und dem Kind das Gefühl geben, dass man sich um es kümmert. Gutes Lernen wird möglich, wenn man Kindern genügend Aufmerksamkeit schenkt und sich mit dem Kind auch individuell beschäftigt, anstatt nur den Unterrichtsstoff durchzupauken, ohne dabei auf das Kind einzugehen.

- **Autoritativer Führungsstil:** Achtung! Gemeint ist nicht „autoritärer" Führungsstil (dieser führt zu Angst und Unsicherheit und blockiert Lernfortschritte), sondern ein warmherziges und freundliches, aber auch konsequentes Führungsverhalten gegenüber den Kindern. Durch Freundlichkeit und Warmherzigkeit geben Sie dem Kind die Rückmeldung, dass Sie es mögen. Dadurch wird sich das Selbstwertgefühl des Kindes verbessern, da es sich „gemocht" fühlt („die anderen und mein Lehrer mögen mich"). Die Art und Weise, wie Sie mit einzelnen Kindern umgehen, nehmen auch andere Kinder schnell wahr und diese werden das Kind ebenfalls entsprechend wohlwollend behandeln.

Feedback muss unter anderem stets am **beobachtbaren Verhalten** des Kindes ansetzen, **nicht an der Person selbst**. Persönliche Kritik (z. B. „Du kapierst es einfach nicht!" oder „warum hast du das Tor nicht getroffen!?") wird selten angenommen. Sie führt vielmehr zu geringerer Motivation und Problemen im Selbstwertgefühl. Wird einem Kind aber der aktuelle Leistungsstand unabhängig von der Wertschätzung der Person des Kindes mitgeteilt und gleichzeitig noch das **Potential mit möglichen Maßnahmen aufgezeigt**, ist das Feedback sehr hilfreich für Kinder und ermöglicht den Kindern, besser einzuschätzen, wo sie stehen. Demnach ist es auch hilfreich, den Kindern zu vermitteln, was sie bereits **gut** machen. Und diesbezüglich lassen sich unzählige **positive Dinge finden**, wenn man seine innere Erwartungshaltung einfach etwas herunterschraubt und erst einmal kleine Dinge lobt. Ihre äußere Erwartung an das Kind kann und sollte trotzdem stets hoch bleiben! Das positive Verhalten und Können wird aber leider zu selten bemerkt und meist als selbstverständlich angesehen. Dabei gibt es jeden Tag unzählige gut und richtig ausgeführte Aktionen der Kinder. Als Erwachsene sehen wir viele Tätigkeiten und Fähigkeiten als selbstverständlich an bzw. verstärken das richtige Verhalten nicht, sondern gewöhnen uns schnell daran. Kinder haben aber aufgrund ihres Entwicklungsstandes (z. B. des noch nicht vollständig ausgereiften Gehirns, der geringeren Gedächtniskapazität und der geringeren Fähigkeiten der exekutiven Kontrolle, usw.) nicht die gleichen Voraussetzungen wie Erwachsene. Es kann daher nicht einfach davon ausgegangen werden, dass das Kind das Wissen und die Fähigkeiten hat, wie es richtig geht und schon gar nicht, dass es das Kind gleich auf Anhieb umsetzen kann. Positives Feedback ist übrigens besonders bei eher extrovertierten Kindern sehr effektiv, da extrovertiertere Kinder vermehrt die positiven Eigenschaften und Rückmeldungen an sich sehen und verstärken. Kinder können sich auch selbst ein Feedback geben und ihre Leistungen selbst einschätzen. Dies macht allerdings wegen der dazu notwendigen metakognitiven Fähigkeiten erst ab dem Jugendalter Sinn.

-> Für die **Praxis** bedeutet das ...
Vor allem die **positiven Dinge an dem Verhalten** der Kinder erkennen. Die Person stets von ihrem **gezeigten Verhalten** trennen, um die Situation neutral beurteilen zu können. **Potenzial** und konkrete **Maßnahmen** zur Verbesserung aufzeigen. **Sensibel, empathisch** und **unterstützend** verhalten sowie **warmherzig, aber** auch **konsequent führen.** Laufend **positive Rückmeldung** geben, welche das Selbstwertgefühl stärken und das Lernen fördern.

1.2.4 Identitätsfindung unterstützen

Als Sportlehrkraft bzw. Elternteil wirken Sie auf die Identitätsfindung der Kinder maßgeblich ein. Sie müssen sich bewusst machen, dass sie mit ihren Rückmeldungen und Haltungen gegenüber Kindern deren Identität prägen. Marcia (1966) beschreibt diesbezüglich verschiedene Identitätszustände, die in Zusammenhang mit inneren Verpflichtungen (z. B. „Ich will ein guter Sportler sein.“) stehen. Dabei durchläuft das Kind einen Prozess, in welchem es

zunächst vorgegebene Identitäten übernimmt. Stehen die Vorgaben im Widerspruch zu den Vorstellungen des Kindes, so kommt es zu einer **Identitätskrise**. Anschließend **verharrt das Kind** entweder in diesem Zustand (Kind schiebt die Entscheidung auf) oder es **erarbeitet sich eine neue Identität**, die im Gegensatz zu Vorstellungen der Eltern oder der Lehrer stehen kann und daher wieder zu einer Krise führen kann. Kritische Lebensereignisse können Krisen hervorrufen (Misserfolge oder Erfolge, Zustimmung oder Ablegung von Überzeugungen, Bildung oder Auflösung enger persönlicher Beziehungen, Einnahme von bestimmten Rollen, Erlebnisse aus Naturkatastrophen, Unfälle, etc.).

Haußer (2013) meint, dass Identitätsfindung auch außerhalb solcher Lebensereignisse stattfindet und ein Wechselspiel zwischen Innen- und Außenperspektive erfolgt. Stärken und Schwächen des Körpers werden wahrgenommen und Wertschätzung, Wirksamkeit etc. daraus gefolgert. In Selbstkonzepten (ebenbürtig sein oder sich abheben von anderen, einzigartig oder angepasst sein, etc.) und Kontrollüberzeugungen (kann ich die Situation aus eigenen Kräften heraus beeinflussen?) werden Identitäten entwickelt. Selbstwertgefühl, Wohlbefinden und Selbstzufriedenheit resultieren daraus und müssen positiv beeinflusst werden. Hat das Kind das Gefühl selbstständig und unabhängig zu sein, stärkt dies die Motivation und das Selbstwertgefühl. Besonders im Kleinkindalter geht es nach Erikson (2017) um Phasen, die bei Versäumnis nicht oder nur schwer aufzuholen sind. Dazu gehören z. B. der **Aufbau von Vertrauen** zu anderen Menschen und die Unterscheidung zwischen **Schamgefühl/ Zweifel** und **Selbstvertrauen** des Kindes.

-> Für die **Praxis** bedeutet das ...
Den Kindern das Gefühl geben, als **Vertrauensperson** für sie da zu sein sowie die **Unabhängigkeit** und **Selbstständigkeit** des Kindes zu **fördern.**

1.2.5 Verhalten modifizieren

«Wird ein nicht-vertretbares Verhalten festgestellt, sollten Lehrkräfte und Eltern auf keinen Fall nur zusehen, sondern **aktiv werden** und **eingreifen**. Doch wann ist ein Verhalten eigentlich nicht mehr vertretbar? Wo liegen die Grenzen? Genau das versuchen Kinder oft durch ihr Verhalten herauszufinden. Wenn Sie selbst keine feste und **klare innere Haltung** haben, welches Verhalten für Sie noch in Ordnung und welches Verhalten nicht mehr vertretbar ist, werden sie früher oder später erzieherische Probleme bekommen. Sie müssen sich unbedingt Gedanken darüber machen, welches Verhalten für Sie wichtig und noch in Ordnung ist und welches Verhalten nicht mehr. Dabei sollten sie das Niveau der Gruppe und die Situationen mitberücksichtigen. In manchen Gruppen kann es sinnvoll sein, nicht zu streng zu sein, sondern manche suboptimalen Verhaltensweisen zuzulassen, z. B. wenn Gruppenmitglieder weniger erfolgsorientiert sind. In anderen Gruppen ist ein sehr strenges Regelwerk geeigneter, z. B. wenn ein möglichst gutes Ergebnis erzielt werden soll. Bei der inneren Haltung können sie sich natürlich an **gesellschaftlich anerkannten** (legitimen/ akzeptierten) **Verhaltensweisen** orientieren, oder **Werte**, die ihnen wichtig sind, besonders berücksichtigen. Wichtig ist auf jeden Fall, dass sie eine klare Linie im Kopf haben, anhand welcher sie in jeder Situation beurteilen können, ob ein Verhalten noch in Ordnung ist, oder ob sie aktiv eingreifen müssen. Ein Kind wirft zum Beispiel eine Trinkflasche zu einem anderen Kind. Ist das noch in Ordnung? Wenn Sicherheit für sie einen hohen Stellenwert hat, müssen sie jetzt eingreifen und die Kinder ermahnen, da der Wurf einer Flasche gefährlich werden kann. Sie sehen schon, dass sie damit auch immer die Möglichkeit haben, ihre **Ermahnung zu begründen**, wodurch die Kinder mit der Zeit verstehen, welche Regeln eingehalten werden müssen. Meist sind die Kinder nach ein paar Wochen sehr dankbar dafür, dass sie nun eine klare Vorstellung darüber haben, was erlaubt ist und was zu weit geht.

-> Für die **Praxis** bedeutet das ...
Den Kindern eine klare Orientierung geben, was richtig und was falsch ist, indem Sie für sich **selbst innere Werte und Normen festlegen**, die eine **klare Linie** für die Erziehung ermöglichen und sofort mit einer ersten **Ermahnung intervenieren**, wenn das Verhalten von Ihrer inneren Norm abweicht.

Kann das falsche Verhalten nicht durch eine sofortige Ermahnung beendet werden oder leidet die angenehme Gruppenatmosphäre zu sehr unter ständigen Ermahnungen, ist ein planvolles Vorgehen zur Modifikation (= langfristige Anpassung) des Verhaltens nötig. Haben wir ein nicht mehr vertretbares Verhalten festgestellt, kann die Lehrkraft durch planvolles Vorgehen versuchen, durch die **Verhaltens-Modifikation**, welche auf den Lerntheorien des klassischen und operanten Konditionierens basiert, die Kinder zu dem gewünschten Verhalten zu erziehen.

Dabei ist als erster Schritt besonders wichtig, dass Sie als Lehrkraft bzw. Elternteil immer die **Person** und das **Verhalten** des Kindes voneinander **trennen**. Zeigt das Kind dauerhaft ein unerwünschtes Verhalten, sollte man zunächst das **Verhalten beschreiben** und dieses unabhängig von der Person sehen. Dann kann das **Verhalten analysiert** werden (Warum kam es dazu?) und umliegende Aspekte (wie z. B. das Elternhaus, die soziale Schicht des Kindes, das Alter, der Bildungsstand, usw.) miteinbezogen und hinterfragt werden. Erst als letzten Schritt sollte man sich dann eine **Handlungsmaßnahme** überlegen, die den gegebenen Bedingungen und der Verhaltensweise gerecht wird.

Möchte eine Lehrkraft zum Beispiel, dass die Kinder sich ordentlich in den Kreis setzen und dann leise zuhören, wenn der Lehrer spricht, so kann er dies **durch klassische Konditionierung antrainieren**. Einmal kann das Zusammenkommen im Kreis mit einem Pfiff und einem Heben des Arms gekoppelt werden, d. h. jedes Mal, wenn die Kinder zusammenkommen sollen, pfeift der Lehrer und hebt den Arm. Nach einer Weile wissen die Kinder auch ohne Worte der Lehrkraft, dass die Kinder bei Pfiff bzw. gehobenem Arm in den Kreis kommen sollen. Der Lehrer legt dann z. B. die Pfeife in die Mitte des Kreises und fängt zu erklären an. Irgendwann wissen die Kinder, dass die Lehrkraft immer dann erklären möchte, wenn die Pfeife in der Mitte liegt. Dieses Koppeln von „Ritualen“ mit einem bestimmten gewünschten Verhalten sollte zunächst regelmäßig und später in etwa jedes vierte Mal erfolgen, um das Verhalten langfristig im Gedächtnis zu verankern.

Auch durch **Lernen aus den Konsequenzen** können Trainer/innen und Eltern ihren Kindern gewünschtes Verhalten beibringen. Durch Bestrafung (z. B. das Kind kurz aussetzen lassen und kurz danach wieder zur Gruppe dazu holen) kann man Verhalten nur abgewöhnen, nicht jedoch neues richtiges Verhalten anlernen. In manchen Fällen macht das Bestrafen durch Aussetzen aber durchaus Sinn und hilft, damit das Kind erkennt, dass das gezeigte Verhalten falsch war und man es mit den Konsequenzen ernst meint. Zudem wirkt es als **stellvertretendes Lernen** für andere Kinder, welche daraus folgern, dass dieses Verhalten falsch ist. Besser ist es immer, **richtiges Verhalten zu verstärken**, indem man z. B. Kinder, die gleich ordentlich im Kreis sitzen, erst einmal **lobt, ihnen zulächelt, ihnen freundlich und warmherzig begegnet, ihnen viel Aufmerksamkeit schenkt oder den Kindern Freiheiten** gibt (z. B. indem sie sich eines von drei Spielen aussuchen dürfen). Durch diese nichtmateriellen „Belohnungen“ verstärkt sich das positive Verhalten und die Kinder werden das positive Verhalten häufiger zeigen. Grundsätzlich sind deshalb positiv formulierte Regeln besonders wichtig und müssen aufgrund der noch nicht im Langzeitgedächtnis gespeicherten Information auch immer wieder wiederholt und verstärkt werden (zu Beginn regelmäßig in jeder Stunde und später in etwa jedes vierte Mal). Leider hat das Konditionieren auch einen großen Nachteil, welchen wir im Folgenden im

Zusammenhang mit dem Humanismus erläutern möchten. Trotzdem ist das Konditionieren bis heute eine gute Methode, solange dabei die Grundsätze des Humanismus berücksichtigt werden.

Die Verhaltens-Modifikation durch klassisches Konditionieren hat den Nachteil, dass sie den Menschen als Mittel zum Zweck verwendet, ohne seine **Gefühle, Neigungen, Bedürfnisse usw. zu berücksichtigen**. Der Mensch wird einfach wie eine Maschine programmiert. Er wird ein Spielball, den die Lehrkräfte bzw. Eltern nach ihren Wünschen formen. Zudem kann das Kind sein Verhalten nur wenig selbst konstruieren, da es alles vorgegeben bekommt. Äußere Regeln, die von Lehrkräften auferlegt werden, können die innere moralische Haltung nicht entwickeln bzw. sich gegenseitig widersprechen. Zum Beispiel soll man Einsatz zeigen und sich im Wettkampf anstrengen, aber gleichzeitig Rücksicht auf die Gefühle des Gegners nehmen. Das widerspricht sich grundsätzlich, da jemand, der gewinnen will, eben oftmals keine Rücksicht darauf nimmt, wie sich der Verlierer am Ende fühlt. Die reine Verhaltens-Modifikation durch Konditionierung sollte also **durch eine humanistische Komponente ergänzt werden**. Die Kinder sollen nicht als Objekt, sondern als individuelles Subjekt wahrgenommen und behandelt werden. Die Lehrkraft muss neben der Verhaltensverstärkung auch die innere **(intrinsische) Motivation** der Kinder fördern. Es muss stets eine **gute Beziehung zum Kind** aufgebaut und erhalten werden, dann wird eine Bestrafung des Kindes durch Aussetzen auch von dem Kind nicht als persönliche Ablehnung wahrgenommen. Berücksichtigen Sie die Bedürfnisse, Gefühle, Interessen und Bedingungen der Kinder und gehen Sie vor allem **wertschätzend** mit jedem Kind um.

-> Für die **Praxis** bedeutet das ...
Bei länger auftretenden Verhaltensauffälligkeiten **planvoll vorzugehen** und sich **systematisch Handlungsmaßnahmen** (Konditionieren, positiv oder negativ verstärken, Beziehung zum Kind aufbauen) und **Konsequenzen zu überlegen** und diese fest einzuhalten.

1.2.6 Gruppe führen

Damit Kinder gut lernen können, ist zusätzlich zu einer angemessenen Lernumgebung auch eine gute Gruppenatmosphäre lernfördernd, in welcher sich die Kinder wohlfühlen und gut „arbeiten" können. Diese Bedingungen herzustellen ist die Aufgabe des Gruppenleiters und kann durch autoritative Gruppenführung (Vorsicht: gemeint ist nicht „autoritäre" Gruppenführung!) besonders gut ermöglicht werden, welche wir im Folgenden neben weiteren Aspekten der Gruppenführung erläutern werden.

Die Erziehung und Ausbildung der Kinder erfolgt meist von außen, d.h. Eltern und Lehrkräfte legen den Kindern Zwänge auf und schränken damit zwangsläufig die Freiheit der Kinder ein. Diese Antinomie lässt sich grundsätzlich niemals auflösen, da die beiden Aspekte Freiheit und Zwang immer im Widerspruch stehen werden. Sie müssen daher **stets neu ausbalanciert werden**, damit sie in einem ausgewogenen Gleichgewicht stehen.

Lehrkräfte und Eltern können also nur aus ihrer Erfahrung und ihrem Wissen heraus versuchen, eine gute Balance herzustellen und dürfen sich grundsätzlich keine Vorwürfe machen, wenn es nicht immer bei jedem Kind optimal gelingt. Moralisches Verhalten wie Fairplay und prosoziales Verhalten wie Hilfsbereitschaft und Respekt können nur entstehen, wenn Regeln nicht nur von außen vorgegeben werden. Moralisches Handeln setzt eine **eigene innere Überzeugung des Kindes** voraus, diese Werte und Normen auch einzuhalten.

Diese innere Grundhaltung muss das Kind selbst entwickeln. Als Lehrkraft bzw. Elternteil können wir aber dazu beitragen, dass sich diese innere prosoziale Haltung entwickelt, indem wir **Handlungsmöglichkeiten bzw. Situationen schaffen**, in welchen Kinder Hilfsbereitschaft und Respekt auch zeigen können und in welchen die Kinder positive Erfahrungen damit machen. Auch das Kommunizieren über Werte wie Hilfsbereitschaft, Respekt, wertschätzende Akzeptanz untereinander und Höflichkeit kann dabei helfen, Kinder zu prosozialem Verhalten in der Gruppe anzuregen. Was hat das mit Group-Management zu tun? Wenn Sie als Lehrkraft eine Sportgruppe leiten, sollten die Kinder gut mitarbeiten, damit gutes und effektives Lernen stattfinden kann. Im umgangssprachlichen Gebrauch spricht man meist von (un-)disziplinierten Kindern. Durch die **Förderung prosozialer Verhaltensweisen entsteht eine Norm- und Regelbasis**, welche den Kindern eine klare Orientierung und ein positives Modell vorgibt, wie sie sich richtig verhalten. Die Gruppenatmosphäre wird sich zunehmend verbessern und die Kinder fühlen sich wohl, weil alle integriert und akzeptiert sind und die Umgangsweisen untereinander rücksichtsvoll und höflich sind. Ein gutes Group-Management beinhaltet also die **Vermittlung prosozialer Verhaltensweisen**. In Spielen wie „Versteinern" müssen Kinder z. B. ihre Freunde befreien. Dieses **Befreien** kann auch als „sich gegenseitig helfen" kommuniziert und hervorgehoben werden. Anschließend haben die Kinder dann die Möglichkeit, das prosoziale Verhalten im Spiel zu zeigen. Auch bei Auf- und Abbau oder bei **gegenseitiger Hilfestellung** und Partnerarbeiten können sich Kinder gegenseitig helfen und unterstützen. **Lerntandems**, bei welchen bessere Kinder gezielt schwächere Kinder begleiten und unterstützen, sind ab der zweiten Klasse ebenfalls möglich. Die Lehrkräfte bzw. Eltern sollten im Sinne der Lerntheorie des Modelllernens **selbst ein prosoziales Verhalten zeigen**, z. B. indem man sich bei den Kindern auch **bedankt**, wenn diese einem Arbeitsauftrag gefolgt sind (das zeigt Wertschätzung und Respekt) oder die Kinder **höflich darum bittet**, etwas zu tun, anstatt nur die Aufgabe zu stellen. Durch stellvertretende Verstärkung (siehe Modelllernen) können Kinder besonders hervorgehoben und vor der Gruppe gelobt werden, oder sie schenken dem Kind mehr Aufmerksamkeit bzw. Zuwendung, sobald die Kinder ein prosoziales Verhalten zeigen. Dadurch werden sich andere Kinder ebenfalls prosozialer verhalten, da sie das **gelobte Kind als Modell für richtiges Verhalten** wahrnehmen.

Gruppendynamische Prozesse spielen ebenfalls eine wichtige Rolle bei der Gruppenführung. Bildet sich z. B. eine kleine Untergruppe aus guten Freunden, so kann ein außenstehendes Kind kaum integriert werden. Bei Partnerübungen und Interaktionen wird das alleinstehende Kind niemals ohne ihre Hilfe in den Freundeskreis gelangen. Ohne böse Absichten werden die Freunde in der Untergruppe das einzelne Kind automatisch ausgrenzen. Dies geschieht oft automatisch, wenn Kinder in bestimmter Hinsicht anders sind. Je ähnlicher Kinder sich sind, desto besser kommen sie in der Regel miteinander aus. Erkennbar ist ein „ausgegrenztes Kind" z. B. daran, dass es weniger mit anderen Kindern in sozialen Kontakt tritt. Als Lehrkraft müssen Sie solche gruppendynamischen Prozesse erkennen und dafür sorgen, dass die **kleine Untergruppe (Freundesgruppe) auch für andere in der Gruppe (Einzelgänger oder andere Freundesgruppen) offen** ist. Dies kann durch Partnerübungen geschehen, bei denen die Untergruppe immer wieder gezwungen ist, sich einen **neuen Partner** außerhalb der eigenen Freundesgruppe zu suchen. Das goldene Prinzip heißt hier: **„Jeder mit Jedem"**!

Teambuilding- bzw. Erlebnispädagogische Spiele tragen dazu bei, dass sich der Zusammenhalt, die Kooperationsbereitschaft und das Vertrauen der gesamten Gruppe verbessern. Der Abbau von Berührungsängsten durch erlebnispädagogische und freizeitpädagogische Spiele kann dazu beitragen, dass einzelne Kinder wieder besser integriert werden. Daher sind ab der 5. Klasse auch erlebnispädagogische Spiele mit Reflexionsphasen sinnvoll.

Integration beginnt aber schon bei der **Sitzordnung**. Ausgegrenzte Kinder erkennt man oft daran, dass Sie **im Kreis eine Reihe hinter den anderen sitzen oder in der Schlange ganz hinten stehen**. Untergruppen sitzen meist mit ihren Freunden eng zusammen. Auch wenn sich diese Untergruppen nicht gerne trennen lassen, müssen Sie manchmal dazu gezwungen werden, um alle Kinder gleichermaßen zu integrieren. Achten Sie also bei **Aufstellungen und Sitzordnungen** darauf, dass alle ordentlich in gleichen Abständen nebeneinandersitzen und jeder mal mit jedem sozial interagiert. Kein Kind sollte „zu weit hinten" sitzen, sondern alle sollten „auf der gleichen Höhe" sitzen.

Eine gute Gruppenführung schafft ein positives Lernklima. Diese Vorgehensweise impliziert, dass wir **alle Kinder gleich akzeptieren müssen**, aber unser Urteil stets an individuelle Bedingungen des Kindes und der Situation anpassen müssen, um gerecht zu handeln. Unbewusst behandeln wir attraktive oder vielleicht talentiertere Kinder oft besser als andere. Dieses **Ungleichgewicht** führt dazu, dass wir manche Kinder **unbewusst** in vielen Situationen **besser oder schlechter behandeln als andere**. Die Art und Weise, wie Sie mit anderen Kindern umgehen und diese sehen, wird von anderen Kindern in der Gruppe genau wahrgenommen, wodurch sich die Kinder (vgl. Modelllernen) ebenfalls gegenüber diesen Personen anders verhalten werden. Sie schreiben somit durch ihre Umgangsweisen mit den Kindern jedem Kind eine bestimmte **Rolle** zu. So ist ein Kind z. B. der „Störer" bzw. „Kasperl", ein anderes Kind das „ideale Talent" o. ä. Später werden Sie sich dann darüber ärgern, dass Sie einen „Störer" in ihrer Gruppe haben und darüber freuen, ein „Talent" in ihrer Gruppe zu haben. Diese Rollenbilder haben Sie jedoch selbst mitkreiert. Rollen sollten sie eher erzeugen, indem Sie verantwortungsvolle Aufgaben zuordnen. Ein Kind ist z. B. der „Flaschenbewacher“ oder der „Türaufhalter“ oder der „Helfer“. Dadurch gelangen die Kinder in ein positives Rollenbild, welches einen **gemeinschaftlichen Nutzen** hat und das gemeinsame Wir-Gefühl stärkt, sowie ausgegrenzte Kinder positiv miteinbindet.

1.3 Umsetzung eines Erziehungskonzepts

So weit, so gut. Aber wie lassen sich all diese Bausteine einer guten Erziehung im Sportunterricht in der Praxis umsetzen?

Damit Sie von der Fülle der Anforderungen an Sie als erziehende Sportlehrkraft oder Elternteil nicht gänzlich erschlagen werden, haben wir die Erziehungsmaßnahmen in eine anwendbare Form gepackt, welche Sie direkt in Ihren Unterrichtsstunden einsetzen können. Darin sind alle zuvor angesprochenen erziehungswissenschaftlichen Aspekte enthalten.

Sehen Sie die folgende Handlungsliste als **gedankliche Checkliste** an und kontrollieren Sie sich anfangs selbst, ob Sie diese Punkte alle gut umgesetzt haben. Mit der Zeit reicht es sicherlich aus, wenn Sie von Zeit zu Zeit wieder auf die Liste schauen, um Ihr pädagogisches Handeln als Kindersport-Trainer/in oder Elternteil zu hinterfragen.

1.3.1 Checkliste - Erziehung zum gewünschten Verhalten

1. **Schritt:** Habe ich mir selbst eine klare **innere Linie/ Haltung** (Normen/ Werte, die ihnen oder in der Gesellschaft wichtig sind) überlegt?
   - Ich nehme mir Zeit und lege die **Grenzen** fest (welches Verhalten toleriere ich noch, welches nicht?).

2. **Schritt:** Habe ich eine **gute Beziehung** zu jedem Kind aufgebaut?
   - Ich sorge dafür, dass die Kinder meine Person mit positiven Emotionen verbinden.
   - Ich verwende einen **warmherzigen** Führungsstil.
   - Ich fördere die Identitätsfindung, indem ich den Kindern **Selbstständigkeit** und **Unabhängigkeit** ermögliche und als **Vertrauensperson** für jedes Kind da bin.

3. **Schritt:** Habe ich ein Muster für **prosoziales Verhalten** aufgebaut, indem ich Werte und soziale Kompetenzen vermittle?
   - Ich **schaffe Situationen**, in welchen die Kinder soziale Kompetenzen zeigen können (z. B. für Hilfsbereitschaft/ Respekt/ Teamfähigkeit/ Höflichkeit)
   - Wenn sich Kinder oder die Gruppe **prosozial** verhalten, **verstärke ich das Verhalten** des Kindes oder der Gruppe durch Lob, mehr Zuwendung, freundlichem Zulächeln, mehr Aufmerksamkeit, mehr Freiheiten oder mehr Mitbestimmung.

- Ich hebe Kinder, die sich prosozial verhalten, deutlich durch Lob und verstärkte Zuwendung hervor, damit andere Kinder dieses Kind als **stellvertretendes** Modell wahrnehmen, an dem sie sich orientieren können.

4. Schritt: Habe ich ***kurzfristig*** das Verhalten jedes einzelnen Kindes mit meiner inneren Haltung (klaren Linie an gewünschten Normen und Werten) **verglichen** (das Verhalten der Kinder **kontrolliert/ überprüft, ob** Regeln eingehalten werden)?

- Ich **kommuniziere** zu Beginn **klar** und verständlich, maximal bis zu drei **wichtige Regeln**. Dabei **erläutere** ich unbedingt auch die **negativen Konsequenzen** bei Nichteinhaltung sowie die **positiven Konsequenzen** bei Einhaltung der Regeln (!!!).
- Ich beziehe die **Situation** und die **Bedingungen** bei der Beurteilung mit ein und wäge **sensibel** und **verständnisvoll** ab, ob die Regelüberschreitung in dem speziellen Fall noch tolerierbar ist.
- Ich **ritualisiere** die Einhaltung von **Regeln**, indem ich ein gewünschtes Verhalten mit Signalen oder Symbolen verbinde.
- Ich **wiederhole** die wichtigsten **Regeln** regelmäßig, damit die Kinder diese nicht wieder vergessen.
- **Ich greife sofort ein**, wenn ein Verhalten nicht tolerierbar ist und gebe den Kindern ein **negatives Feedback sowie** eine Begründung dafür, warum das Verhalten nicht tolerierbar ist (z. B. Sicherheitsaspekte/ Gefühle anderer verletzt/ andere von einem ord-

nungsgemäßem Lernen abgehalten und damit ihre Freiheiten und Rechte eingeschränkt).

- Bei Einsicht des Kindes gebe ich dem Kind **positives Feedback** durch Lob, Zuwendung, verstärkte Aufmerksamkeit, freundliches Lächeln, mehr Freiheiten oder mehr Mitbestimmungsmöglichkeiten.

5. Schritt: Gehe ich ***mittel- und langfristig*** **planvoll und systematisch** vor, wenn **keine Einsicht** erfolgt oder ein nichttolerierbares Verhalten **immer wieder** auftritt?

- Ich handle kurzfristig Grenzen und Regeln **sensibel** gemeinsam mit den Kindern aus (dabei bin ich geduldig und verständnisvoll).
- Ich trenne bei der Beurteilung die **Person** und dessen **Verhalten**, beschreibe und **dokumentiere** das Verhalten, **analysiere** anschließend die **Bedingungen** und die individuelle Situation des Kindes, **bewerte** anschließend das Verhalten und lege daraufhin eindeutige **Maßnahmen** und **Konsequenzen** fest (Ich lege möglichst genau fest: Welche Konsequenz folgt auf welches nichttolerierbare Verhalten?).
- Ich bin **konsequent**, wenn ein bestimmtes **nichttolerierbares Verhalten** auftritt und bestrafe das Kind oder entziehe dem Kind eine Belohnung (z. B. kein Mitbestimmungsrecht mehr für die Stunde/ kurze Auszeit von maximal einer Minute; bei Wiederholung Auszeit verlängern; bei weiterer Wiederholung Gespräch mit Eltern und Kind; bei weiterer Wiederholung (zuletzt): Ausschluss aus der Sportgruppe) (!!!).

- Ich bin genauso **konsequent**, wenn ein bestimmtes **positives Verhalten** auftritt und belohne das Kind oder entziehe dem Kind eine Bestrafung (z. B. Lob/ Zuwendung/ mehr Aufmerksamkeit schenken/ anlächeln/ lobende Gesten; Zeitstrafe wird wieder beendet). Die Verstärkung baue ich langsam und kontinuierlich ab (später nur noch etwa jedes vierte Mal loben), um das neu erlernte richtige Verhalten dadurch langfristig zu festigen (!!!).

Die Anwendung dieser Checkliste muss trainiert werden. Lesen Sie sich die Schritte immer wieder zu Beginn einer Sportstunde oder eines Tages durch und werten Sie idealerweise im Anschluss an ihre Stunde bzw. Ihren Tag Ihre Umsetzung der Schritte aus oder kreuzen Sie die umgesetzten (oder berücksichtigten) Punkte an. Mit der Zeit reicht es aus, die Checkliste jede vierte Unterrichtsstunde zu wiederholen. Besonders zu Beginn und am Ende eines „Sport- oder Schuljahres" ergibt es natürlich Sinn, auch die ausführlichen Maßnahmen dieses Buches noch einmal aufzufrischen.

1.3.2 Pädagogische Periodisierung

Im Verlauf eines Sport- bzw. Schuljahres gibt es bestimmte Phasen, in welchen bestimmte Aspekte eine höhere Bedeutung haben als andere. Daraus ergibt sich eine Art pädagogischer Jahresplan, welcher im Voraus geplant werden kann. Viele gruppendynamische Aspekte bleiben in Sportgruppen gleich, sodass eine grobe Vorausplanung pädagogischer Maßnahmen vorteilhaft sein kann. Die folgende Übersicht gibt daher einen Überblick über eine beispielhafte Periodisierung innerhalb eines Kindersportjahres.

1. Phase (Kennenlernphase):

Eine neue Gruppe entsteht. Sie stehen am Anfang des Sportjahres. Sie haben schon erste Informationen über die Gruppe und starten ihr erstes Training.

-> Entwickeln Sie auf Basis erster Informationen über die Sportgruppe eine klare innere Haltung/ normative Linie. Legen Sie für sich selbst fest, wie streng Sie sein möchten und wo Sie die Grenzen festmachen. Welches Verhalten tolerieren Sie noch, welches Verhalten akzeptieren Sie auf gar keinen Fall?

-> Teilen Sie Ihren Kindern nach der Vorstellung klar und deutlich ihre Erwartungen mit. Welche Konsequenzen erfolgen bei Nichteinhaltung der Regeln, aber auch unbedingt, welche Belohnungen erfolgen bei Einhaltung der Regeln. Die Kinder können ihre innere normative Linie nicht „riechen". Sie müssen ihre Erwartungen und damit verbundene (negative und auch positive) Konsequenzen den Kindern zuvor klar und verständlich mitteilen. Häufig werden die positiven Konsequenzen nicht erwähnt. Diese sind aber meist viel effektiver für das Erreichen eines gewünschten Verhaltens als die negativen Konsequenzen. Kommunizieren Sie also unbedingt beide Seiten.

-> Legen Sie zudem klare Regeln für bestimmte Bereiche (z. B. Kommunikationsregeln/ Verhaltensregeln für den

Unterricht/...) fest bzw. erarbeiten Sie die Regeln sowie positive und negative Konsequenzen gemeinsam mit den Kindern. Fixieren Sie die erarbeiteten Regeln mit einem gemeinsamen „Schwur/ Unterschrift auf einem Zettel/...“ oder Ähnlichem.

-> In der ersten Phase ist es auch wichtig, dass die Kinder ein positives Bild von Ihnen erhalten. Geben Sie ruhig auch Informationen über ihre Hobbys und Vorlieben an die Kinder weiter und lassen Sie die Kinder Fragen bezüglich Ihrer Person stellen. Das baut eine positive erste Beziehung zwischen Ihnen und den Kindern auf. Gehen Sie dabei auf jeden Fall freundlich und warmherzig mit den Kindern um.

-> Lustige Einstiegsspiele sorgen dafür, dass die Kinder Sie als Person mit freudvollen Tätigkeiten assoziieren.

-> An ersten positiven und negativen Konsequenzen, die Sie als Lehrperson sichtbar machen, erkennen die Kinder, dass Sie ihr Wort halten und Ihre klare Ansage, die Sie zu Beginn den Kindern vermittelt haben, auch ernsthaft umgesetzt wird.

-> Bei Kindern ab ca. 9 Jahren eignen sich in der Anfangsphase auch erlebnispädagogische Spiele sehr gut zum Abbau von Berührungsängsten und zum Aufbau von gegenseitigem Vertrauen.

2. Phase (Konfliktphase):

In dieser Phase, welche meist nach wenigen Wochen in Gruppen sichtbar wird, kommen erste Unstimmigkeiten auf. Es wird deutlicher, wer mit wem besser und wer mit wem weniger gut auskommt. Erste Rollenbilder entwickeln sich und es können daher erste Konkurrenzgedanken entstehen, da sich eine gewisse Hierarchie innerhalb der Gruppe entwickelt.

-> Jetzt ist das sensible Ausbalancieren zwischen Freiheiten und Grenzen setzen wichtig. Sind die Regeln zu streng oder zu locker, kann auch die Lehrperson in die Konfliktphase „verwickelt werden". Es ist daher abzuwägen, ob Regeln an die nun besser bekannte Gruppe angepasst werden sollten. Schränken die Regeln die Kinder in ihrer Selbstständigkeit und Selbstverwirklichung zu sehr ein, so können gewisse Freiheiten zurückgegeben werden (z. B. müssen die Kinder dann nicht mehr ganz ruhig sitzen, sondern dürfen sich entspannt hinsetzen/ auch mal ein Spiel aussuchen/ o. ä.). Bieten die Regeln noch nicht ausreichend Schutz, damit sich alle sicher fühlen können, sollten die Regeln strenger werden und die Freiheiten der Kinder stärker eingegrenzt werden. Für dieses „Ausbalancieren" ist ein gewisses pädagogisches Gespür notwendig.

-> In dieser Phase ist es auch empfehlenswert, das prosoziale Verhalten hervorzuheben, indem Kinder, die ein gutes prosoziales Verhalten zeigen, vor der ganzen Gruppe gelobt oder belohnt werden. Dabei sollte darauf geachtet werden, dass trotzdem alle Kinder gleichermaßen akzeptiert werden.

-> Schaffen Sie zusätzliche Möglichkeiten, in welchen die Kinder prosoziales Verhalten zeigen können. Führen Sie z. B. Abläufe für das gemeinsame Auf- und Abbauen ein.

Verstärken Sie anschließend das prosoziale Verhalten durch Lob oder besondere Zuwendung.

-> Ritualisieren Sie auch alle anderen Abläufe, damit eine Gewohnheit daraus wird. Bei bestimmten Gesten, Symbolen etc. sollten die Kinder dann wissen, was jetzt zu tun ist.

-> Ab ca. 9 Jahren eignen sich in dieser Phase auch erlebnispädagogische Kooperationsspiele mit anschließenden Reflexionsgesprächen, damit die Kinder ihr eigenes Rollenverhalten selbst hinterfragen und ihre eigenen Persönlichkeitseigenschaften und Identität entdecken.

3. Phase (Normalisierungsphase)

Im weiteren Verlauf sind die Rollen innerhalb der Gruppe verteilt und nur sporadisch treten noch einzelne Unstimmigkeiten und Konflikte auf. Die Abläufe haben sich nun in der Regel eingespielt und die Gruppe akzeptiert die entstandene Hierarchie weitestgehend.

-> Erinnern Sie die Kinder jetzt immer mal wieder an die vereinbarten Regeln, damit diese auch im Gedächtnis bleiben.

-> Behalten Sie ihre klare Linie mit den positiven und negativen Konsequenzen unbedingt bei und achten Sie stets auf einen sensiblen Umgang damit. Passen Sie Ihre Regeln situationsangemessen an.

-> Dokumentieren Sie Konflikte und Probleme und gehen Sie diese, falls durch kurzfristige Maßnahmen keine Änderung erfolgt, langfristig und systematisch an.

-> Beachten Sie dabei die Schritte der Checkliste und setzen Sie sich nicht zu schnell das Messer selbst auf die Brust, indem Sie zu früh harte Strafen verteilen, sondern wenden Sie ein kleinschrittig abgestuftes „Belohnungs- und Strafensystem“ an. Beispielsweise kann nach einem ersten Verhaltenshinweis eine erste Verwarnung ausgesprochen werden (oder das Kind wird umgesetzt/...). Erst bei dem dritten Vergehen wird eine kurze Auszeit von 1 Minute verhängt oder eine kleine Strafarbeit in Form eines Reflexionsbogens durchgeführt.

-> Wird das Verhalten dann immer noch nicht besser, greifen die Aspekte für die langfristige Intervention aus der bereits beschriebenen Checkliste. Gespräche mit den Eltern und dem Kind sowie die Vereinbarung weiterer Maßnahmen (Zusatzarbeiten/ soziale Tätigkeiten/ etc.) wären demnach eine weitere Verschärfung der Erziehungsmaßnahmen. Erst ganz am Ende sollten auf die Erziehungsmaßnahmen die langfristig vermerkten Ordnungsmaßnahmen (z.B. Verweise/ Schul- oder Gruppenausschlüsse/ etc.) erfolgen und auch diese sollten wiederum kleinschrittig abgestuft werden. Es geht schließlich darum, das Verhalten zu bessern und nicht darum, das Leben des Kindes zusätzlich zu erschweren.

2. Lernen im Kindersport

Als Trainer/in, Erzieher/in oder Lehrkraft ist ihre Hauptaufgabe das Vermitteln von Kompetenzen. Damit dies gelingt und die Kinder einen Lernzuwachs durch ihren Unterricht erfahren, sind Hintergrundinformationen zum Thema „Lernen“ notwendig. Im Folgenden wird daher zunächst auf Lerntheorien und Lernmodelle eingegangen, die Ihnen aufzeigen sollen, **wie** Kinder eigentlich lernen.

Wir trainieren und trainieren und wissen meist nicht einmal, wie Kinder eigentlich am besten lernen können. Dabei ist das Lernen der entscheidende Faktor, wenn es um effektive Fortschritte in der Persönlichkeitsentwicklung und um die Verbesserung der sportlichen Leistungsfähigkeit sowie um eine hohe Zufriedenheit der Kinder im Sport geht.

Lernen ist ebenfalls notwendig, wenn wir Kinder zu einem bestimmten Verhalten erziehen wollen (z. B. zu mehr Höflichkeit und Respekt), ihnen Kompetenzen vermitteln wollen (z. B. ihnen ein Rad beibringen wollen) und auch wenn es darum geht, das Wissen der Kinder (z. B. über eine gesunde Lebensweise) zu erweitern. Auch wenn Sie die Disziplin in der Gruppe verbessern wollen, müssen Kinder zunächst **lernen**, wie sie sich richtig verhalten. Deshalb sind die folgenden Lerntheorien auch sehr wichtig, denn letzten Endes wollen wir die bestmögliche Entwicklung der Kinder erreichen, und das schaffen wir, indem wir verstehen, **wie das menschliche Lernen eigentlich funktioniert**.

2.1 Lerntheorien

Im Folgenden werden daher die zwölf wichtigsten Lerntheorien erläutert, die sich aus verschiedenen Ansätzen der Wissenschaftler im letzten Jahrhundert herausgebildet haben. Stellen Sie sich auf einen **Kurzüberblick über die Lerntheorien** der letzten 200 Jahre ein. Ihr neues theoretisches Wissen wird Ihnen im Unterricht später sehr nützlich sein. Die Lerntheorien sind eine notwendige Basis dafür, dass Sie später in der Praxis effektives Lernen realisieren können.

2.1.1 Klassisches Konditionieren (vgl. Watson, 1968)

Verbindet man einen bestimmten Reiz mit einem bestimmten Verhalten, so tritt das Verhalten irgendwann automatisch auf, sobald der Reiz erfolgt. Wenn man zum Beispiel immer den Arm hebt und sagt, dass die Kinder leise zuhören sollen, so assoziieren die Kinder irgendwann nur beim Heben des Armes, dass sie leise sein sollen. Das Heben des Armes reicht dann aus, weil es zu einem „konditionierten Stimulus“ geworden ist. Erleben Kinder stets positive Spaßerfahrungen beim Lernen neuer Übungen, so verbinden Sie irgendwann mit dem Neulernen auch den Spaß. Lernen ist (nach Gage/ Berliner 1996) also der Prozess, durch den ein Kind sein Verhalten als Resultat von Erfahrung ändert. Durch das **Koppeln von zwei Reizen** können wir also Kindern ein bereits angeborenes Verhalten antrainieren.

2.1.2 Operantes Konditionieren (vgl. Skinner, 1978)

Dabei lernen Kinder aus den Konsequenzen, die sich aus ihrem Verhalten ergeben. Werden Kinder für das Stören im Unterricht bestraft, tritt das Verhalten in der Regel weniger häufig auf. Wie es sich allerdings richtig verhalten soll, bleibt für das Kind unklar. Lobt man ein richtiges Verhalten, z. B. indem man die Kinder anlächelt und ihnen freundlich begegnet oder viel Aufmerksamkeit schenkt, so wird das Verhalten in der Regel öfter auftreten. Möchte man, dass Kinder besser zuhören, sollte man also zunächst jedes Mal kontinuierlich beim Auftreten des richtigen Verhaltens loben und nach einiger Zeit nur noch ab und zu intermittierend loben (in etwa jedes vierte Mal loben, wenn sich das richtige Verhalten zeigt), damit sich das richtige Verhalten auch langfristig einprägt. Kinder **lernen** also **aus** den **Konsequenzen**, die auf ein zuvor gezeigtes Verhalten folgen.

2.1.3 Modelllernen (vgl. Bandura, 1963)

Sie als Trainer sind für Kinder stets das Modell, welches die Kinder als Muster verwenden, um richtiges Verhalten zu erlernen. Aber auch andere Kinder, die für richtiges Verhalten von Ihnen gelobt werden, können für lernende Kinder zum Modell werden. Dies nennt man auch stellvertretende Verstärkung. Wenn Sie z. B. ein Kind vor der Gruppe für ein bestimmtes positives Verhalten besonders loben, werden die anderen Kinder versuchen, dieses Verhalten nachzuahmen. Im Modelllernen beobachten Kinder ständig, was Sie als Lehrkraft und andere (insbesondere mit hohem Status oder hoher Beliebtheit) tun und welche Konsequenzen daraus folgen. Bei erfolgreichen, beliebten und angesehenen Personen achten wir besonders auf deren Modell-Verhalten. Im sogenannten Vier-Prozess-Modell werden Aufmerksamkeit und Gedächtnis als Voraussetzung für das Lernen und Reproduktion sowie Motivation als Voraussetzungen für tatsächliches Nachahmen getrennt. Zuerst muss also die Aufmerksamkeit auf das Verhalten einer Person gelegt werden und das Gedächtnis diese Wahrnehmung verarbeiten. Danach müssen aus der mentalen Repräsentation (Vorstellung) bei entsprechender Motivation Verhaltensweisen oder Bewegungen der Modell-Person vom Kind nachgeahmt werden. Das Modelllernen eignet sich zum Beispiel zum Erlernen von neuen methodischen Bewegungsschritten und für das Erlernen prosozialer Verhaltensweisen wie Höflichkeit, Respekt, Hilfsbereitschaft und Akzeptanz anderer Kinder. Besonders bei der Demonstration von methodischen Übungsschritten sollte daher auf ein absolut korrektes Vormachen Wert gelegt werden. Wenn hier ein gutes „Vorbild" erzeugt wird, können Kinder sehr leicht das richtige Verhalten und neue Kompetenzen erwerben, auch wenn zwischen dem mentalen Lernvorgang und der realen Umsetzung manchmal noch eine Kluft liegt, die wir durch methodisch-didaktische Schritte reduzieren können. Kinder lernen also, indem sie sich etwas von anderen **abschauen**.

2.1.4 Ökologische Systemtheorie (vgl. Bronfenbrenner, 1986)

Kinder wachsen in einem komplexen System von Beziehungen auf (z. B. Familie, Schule, Staat). Dieses System wird durch das Kind aktiv verändert, während es in diesem System lebt. Das Kind wird durch das System gleichzeitig sozialisiert und lernt, sich gemäß den gesellschaftlichen Erwartungen zu verhalten. Die Rolle, die Sie einem Kind in der Gesellschaft zuordnen, wird das Kind zu einem bestimmten Verhalten führen. Z. B. können Sie einem Kind die Rolle als „Türaufhalter" zuteilen. Das Kind wird sich entsprechend dieser Rolle verhalten und höflich die Türen aufhalten. Kinder lernen also durch Sozialisation bzw. indem Sie sich **aktiv in gesellschaftliche Strukturen einordnen**.

2.1.5 Lerntheorie der dynamischen Systeme (vgl. Thelen/ Smith, 1994)

Kinder haben eine intrinsische Motivation zu lernen und sich mit der Umwelt auseinanderzusetzen. Das Interesse des Kindes an seiner sozialen Umwelt dient als entscheidender Lernfaktor. Durch Variation und Selektion kommt es zur Entwicklung des Kindes, das heißt, das Kind wählt aus, worauf es seine Aufmerksamkeit lenkt (Selektion) und probiert aktiv Handlungen aus (Variation). Dadurch kommt es zu einer zunehmenden neuronalen Vernetzung in physikalischen, kognitiven, emotionalen und sozialen Bereichen. Kinder lernen also auch durch **selektive Wahrnehmung**

interessanter Lerninhalte und durch **Ausprobieren** innerhalb dieses Interessengebietes.

2.1.6 Soziokulturelle Entwicklungstheorie 1 (vgl. Wygotsky, 1978)

Das Kind wird als soziales Wesen angesehen, das bei der Teilnahme an Aktivitäten mit anderen partizipiert und von Älteren stets so gelenkt wird, dass es etwas lernt. Lernen ist dabei sozusagen ein Nebenprodukt, das sich implizit ergibt. Kinder lernen wie Erwachsene ständig in vielen sozialen Situationen. Der somit gesellschaftlich vermittelte Prozess wird auch als Sozialisationsprozess bezeichnet. Es beinhaltet eine Unterstützung durch Lehrkräfte/ Trainer/ Eltern/ usw., um das Verhalten zu erreichen, welches das Kind alleine nicht erreichen könnte. Im Sport sollten also auch kooperative Lernformen angeboten werden, die **soziale Interaktion und Partizipation** ermöglichen. Kinder lernen also durch Teilnahme an sozialen Ereignissen und durch Zusammenkünfte mit „entwicklungsfördernden" Menschen.

2.1.7 Soziokulturelle Theorie 2 (vgl. Bruner, 1990)

Lernen kann auf enaktive (handelnde), ikonische (bildliche) und symbolische Art (durch abstrakte Begriffe/ Lesen) erfolgen. Durch das sogenannte „Scaffolding" wird ein Rahmengerüst für das Kind bereitgestellt, um das Lernen zu erleichtern. Dem Kind wird das Ziel erklärt, der Lösungsweg aufgezeigt und Hilfe bei der Ausführung angeboten. Stufenweise wird dann die Hilfe langsam zurückgenommen. Durch die didaktische Reduktion (Vereinfachung eines Themas auf das Elementare) kann das Kind in jeder Altersstufe lernen. Durch ein Spiralcurriculum wiederholen sich Inhalte auf höherem Niveau in der nächsten Altersstufe immer wieder. Ein Kind, das bei den Minis (3-5 Jahre) beginnt, lernt also beispielsweise zuerst das einfache Laufen mit dem Ball am Fuß (= didaktische Reduktion). In der zweiten Stufe der Kids (6-8 Jahre) lernt es dann bereits, den Ball mit dem Fuß zurückzuziehen oder gezielt mit der Innen- oder Außenseite zu dribbeln. Bei den Teens (9-12 Jahre) wird die Bewegung der Ballführung dann noch spezifischer und detaillierter. Körperschwerpunktverlagerungen und feinmotorisches Drehen des Fußes können geübt werden. Kinder lernen also durch **didaktische Reduktion** und durch die **Unterstützung** von Lehrkräften, welche in **methodischen Reihen kleinschrittig** Kompetenzen erweitern.

2.1.8 Soziokulturelle Theorie 3 (vgl. Rogoff, 1990)

Beobachtet man die Instruktionen in traditionellen Kulturen, die Eltern an ihre Kinder geben, so erkennt man verschiedene Arten des Lernens. Gemeinsam haben jedoch alle Kulturen eine gelenkte Partizipation, d. h. die Eltern leiten das Kind unterbewusst an und führen es somit zu mehr Wissen und Können. In allen Kulturen finden sich diese Formen des „Scaffoldings“ (der Unterstützung), z. B. werden schwierige Aufgaben in **Teilschritte** untergliedert.

Die Aufmerksamkeitsdauer ist dabei in den einzelnen Kulturen unterschiedlich lange.

2.1.9 Strukturgenetische, kognitive Lerntheorie (vgl. Piaget, 1968)

Diese Theorie des Lernens verfolgt einen „kognitivistisch-konstruktivistischen" Ansatz, d. h. das Kind konstruiert sich sein Wissen und Können selbst in aktiver **Auseinandersetzung mit der Umwelt** und aufgrund seiner Fähigkeiten wahrzunehmen, zu handeln und aus Erfahrung zu lernen. Körperliche Anlagen und Umwelterfahrungen interagieren miteinander. Das Kind ist motiviert, Erfahrungen in der Umwelt zu machen und das dadurch erworbene Wissen, anhand von Adaptation und Strukturierung gedanklich zu organisieren. Wird zum Beispiel im Alter der Minis die Erfahrung gemacht, dass man springen kann, so entwickeln sich im Alter der Kids anhand der Denkschemata verschiedene Unterkategorien des Springens wie z. B. der Schrittsprung, der Hopser, der beidbeinige Absprung, Drehsprung, usw. Durch Über- und Unterbegriffe und Kategorien wird das Wissen und Können kategorisiert, strukturiert bzw. an das bereits vorhandene Wissen und Können angepasst. Die Entwicklung der Denkschemata erfolgt invariant (also bei Erreichen einer höheren Stufe bleibt diese stets erhalten), bereichsübergreifender (es wird vermehrt assoziiert) und die Qualität der Anpassung und Strukturierung verbessert sich mit der Zeit. Diese lerntheoretischen Ansätze von Piaget sind richtungsweisend und bieten interessante Ansätze für die Wissenschaft. Sie genügen aber nicht wissenschaftlichen Kriterien, sondern basieren auf nicht-empirischen Beobachtungen von Kindern.

2.1.10 Modernere kognitive Lerntheorie 1 (vgl. Spelke/ Kinzler, 2007)

Manche Dinge lernen wir leichter als andere. Der Grund liegt in der Annahme der Kernwissenstheorie, welche besagt, dass wir mit angeborenem Wissen geboren werden. Dieses zeigt sich in Merkmalsassoziationen (z. B. können bereits junge Kinder die Mimik eines Gesichts deuten) sowie bei bereichsspezifischen Kausalannahmen (z. B. ein größerer Ball ist immer schwerer als ein kleinerer Ball). Da letztere Annahme natürlich nicht immer stimmt, müssen sich Lehrkräfte darüber bewusst sein, dass Kinder mit „falschen“ angeborenen Kausalannahmen in den Unterricht kommen und diese Annahmen das Verstehen und Lernen behindern können. Das Kernwissen bezieht sich dabei immer auf eine bestimmte Domäne (einen bestimmten Bereich). Zum Beispiel gibt es ein intuitives Verständnis für Physik, numerische Kenntnisse, Psychologie und Biologie. Noch mit 7 Jahren zählen z. B. viele Kinder Pflanzen nicht zu den Lebewesen und bereits Babys können zwischen einem und mehreren Gegenständen unterscheiden (also einfache Mengenanzahlen erkennen). Dieser Ansatz begründet auch, warum Ursache-Wirkungs-Zusammenhänge den Kindern beim Lernen helfen können. Zeigt man Kindern zum Beispiel, dass ein Spieler, der eine weite Ausholbewegung ausführt, wohl eher einen langen Ball schlagen wird und ein Spieler, der eine kurze Ausholbewegung ausführt, nur einen kurzen Pass spielen wird, können Kinder die gegnerischen Handlungen leichter und schneller einordnen. Durch weiteres logisches kausales Schließen können dann diskrete Ereignisse zu einem Ganzen verbunden werden. Dieser Ansatz bietet also zum einen die Chance schneller zu lernen, indem bereits **angeborene** physikalische, numerische, psychologische und biologische **Grundprinzipien vorhanden** sind und andererseits die Gefahr, Fehlkonzepte bzw. **falsche Annahmen erst aufbrechen** zu müssen, um gute Lernfortschritte zu ermöglichen.

2.1.11 Moderne kognitive Lerntheorie 2 (vgl. Hasselhorn/ Silbereisen, 2008)

Der Informationsverarbeitungsansatz ist eine Klasse an Lerntheorien, welche die Informationsverarbeitung in den Mittelpunkt stellt, um die Strukturen des kognitiven Systems und die mentalen Aktivitäten zu beschreiben, die Aufmerksamkeit und Gedächtnis zum Problemlösen nutzen (vgl. Siegler et al., 2016). Es geht also darum, was im Kopf passiert, wenn man ein Problem (zum Beispiel: Wie kann ich den Ball erfolgreich in den Korb werfen?) lösen möchte. Diese Lerntheorie vergleicht den Lernvorgang gerne mit der Funktionsweise eines Computers. Die Speicherkapazität unseres Gedächtnisses kann demnach analog als „Hardware“ bezeichnet werden. Die Strategien und Informationen können als „Software“ bezeichnet werden. Wie ein Computer sind auch Menschen durch ihre Speicherkapazität im Gedächtnis beschränkt. Auch die Effizienz der Denkprozesse und die angewendeten Lernstrategien sind unterschiedlich. Zudem sind unterschiedliche Wissensbestände vorhanden. Das Kind kann demnach nur eine bestimmte Menge an neuen Informationen verarbeiten. Eine Weiterentwicklung kann durch kontinuierliche Ausweitung dieser Menge geschehen. Dazu müssen Basisprozesse wie Assoziationsbildung, Enkodierung, Rekognition und Generalisierung zunehmend schneller ablaufen. Letzten Endes ist also wieder einmal eine biologische Anpassung in Form einer schnelleren Reizweiterleitung durch Myelinisierung notwendig (Myelin macht Nervenstränge dicker und ermöglicht dadurch eine schnellere Weiterleitung der Informationen). Jüngere Kinder können sich zwar schneller biologisch anpassen, brauchen aber zunächst längere Zeit, die neuen Informationen zu verarbeiten, da die Aufmerksamkeitssteuerung und die semantische Organisation zunächst längere Zeit benötigt. Ein Kind, welches eine Rolle vorwärts lernen soll, muss zunächst überlegen, welche Aspekte der Bewegung wichtig sind, damit es weiß, **worauf es seine Aufmerksamkeit lenken soll** (die Mimik ist dabei zum Beispiel erst einmal unwichtig; das wissen die Kinder aber noch nicht). Nach der Demonstration der Aufgabe muss das Kind also zunächst einmal aussortieren, welche Informationen für die korrekte Bewegung wichtig sind und welche nicht. Es muss zudem **ablenkende Informationen und Bedürfnisse hemmen können**. Anschließend muss es die neue Information in einer bestimmten Kategorie im Gedächtnis speichern, also überlegen, wo es die neue Information an das bisherige Vorwissen anknüpfen kann. Mit der Zeit entsteht dadurch ein Handlungs- und Inhaltswissen, welches sich in festen „Skripten“ (immer gleichen Abläufen) und Expertise in einem Fachgebiet zeigt. Viele **Wie-**

derholungen der Bewegung, also ausreichend **Zeit zum Üben,** ermöglicht es dem Kind, diese neue Kompetenz zu optimieren.

2.1.12 Biologisch-konstruktivistische Lerntheorie (vgl. Stachura, 2010)

Derzeit ist dieser Ansatz besonders in den Mittelpunkt gerückt. Das Kind konstruiert aktiv sein Wissen und Können in der Auseinandersetzung mit der Umwelt und ist aufgrund seiner biologisch-angeborenen (vererbten) Möglichkeiten, teilweise im Lernen beschränkt. Eine Weiterentwicklung ist durch biologische Anpassung immer möglich und kann sich von Generation zu Generation weiter verbessern und damit auch langfristig die vererbten Lernvoraussetzungen verbessern. Durch Auseinandersetzung mit der Umwelt (z. B. durch das Spielen und Ausprobieren) konstruiert das Kind eine eigene soziale Welt und ermöglicht dadurch gleichzeitig einen soziologischen Wandel der Gesellschaft. Da das ursprüngliche Lernen im Laufe unserer Evolution (z. B. in der Steinzeit) stets stark an Emotionen geknüpft war (z. B. lernte der Urzeitmensch zu fliehen, wenn ein gefährliches Tier in Sicht war; diese Wahrnehmung war stets stark mit Ängsten oder anderen Emotionen verknüpft), ist das **emotionale Lernen besonders effektiv**. Das emotionale Zentrum unseres Gedächtnisses ist mit dem Langzeitgedächtnis eng verbunden. Das macht auch Sinn, denn lebenswichtige Dinge sind häufig mit Emotionen verbunden und sollten daher lange in Erinnerung bleiben. Lernen geschieht zudem ständig, häufig implizit in Interaktionen bzw. im gesamten Alltag. Wenn wir richtig lernen, sind wir glücklich, weil Glückshormone wie Dopamin ausgeschüttet werden. Daraus ergibt sich die innere Motivation jedes Menschen, gerne lernen zu wollen. Und daraus folgt auch, dass Lernen keine Last ist, sondern grundsätzlich sehr viel Spaß macht. Ein Grund dafür, dass Kinder viel häufiger lachen als Erwachsene ist, dass Kinder ständig sehr viel lernen. Lernen darf aber die vorhandenen Kapazitäten nicht überlasten, sonst führt es zu einem „Übertraining". Die Informationsflut kann dann nicht mehr bewältigt werden und es kommt evtl. sogar zu Krankheiten. Zudem kann kein weiteres Lernen stattfinden (Weiterlernen bringt also nichts mehr, sondern schadet dem Körper langfristig). Der Körper braucht einfach Zeit, die neuen Strukturen (Myelinisierung, neue Gehirnzellen und Nervenbahnen, effektivere Ausschüttung von Neurotransmittern, Ausbildung von Muskeln und Knochen etc.) anzupassen und aufzubauen. Diese Regenerationszeiten kann man durch Entspannungsmaßnahmen, Lerntraining, gute Ernährung und einen gesunden Körper beschleunigen. Andererseits müssen bestimmte Reizschwellen überschritten werden, um eine körperliche Anpassung zu ermöglichen (das Lernen muss also auch etwas Neues bieten oder die Lernbelastung angemessen erhöht werden). Eine gute Belastungssteuerung und ein leichteres Lernen durch Aufbau eines Assoziations-Netzwerks welches auf dem Vorwissen bzw. bereits vorhandenen Können des Kindes anknüpft und eine Verbindung zu positiven Emotionen beinhaltet, kann demnach das Lernen enorm optimieren und wesentlich schnellere Lernfortschritte ermöglichen.

Neben den wichtigsten Lerntheorien müssen wir jetzt noch wissen, wie die Wissensrepräsentation und der Wissenserwerb bei Kindern funktioniert. Dazu gibt es in der Erziehungswissenschaft bzw. pädagogischen Psychologie verschiedene **Lernmodelle**, die im Folgenden kurz erläutert werden:

2.2 Lernmodelle

2.2.1 Das Drei-Speicher-Modell (vgl. Atkinson/ Shiffrin, 1968)

In dem Drei-Speicher-Modell gelangen wahrgenommene Informationen aus der Umwelt zunächst in dem **sensorischen Register** (im Ultrakurzzeitgedächtnis). Wird die **Aufmerksamkeit bewusst** auf eines dieser wahrgenommenen Informationen gelenkt, so werden die Informationen für etwa 30 Sekunden im **Kurzzeitgedächtnis** gespeichert. Die **Speicherkapazität** des Kurzzeitgedächtnisses ist in der Regel auf 4-7 Items beschränkt, d. h. man kann sich meist höchstens sieben Wörter/ Zahlen/ Aspekte o. ä. merken. Zudem wird die Information nur kurz im Gedächtnis behalten, sofern keine weitere „Verarbeitung oder Vernetzung der Information“ erfolgt. Jüngere Kinder können sich in der Regel nur bis zu 4 Items merken. Wenn man das Kurzzeitgedächtnis der Kinder nicht überlasten will, sollte man also nur **maximal 4 wesentliche Informationen in einer Lerneinheit** erläutern. Wird dann die Information auf welche die Aufmerksamkeit gelegt wurde **weiterverarbeitet und**

vertieft (sogenannte „Elaboration“), so kommt es zur Speicherung im Langzeitgedächtnis.

2.2.2 Assoziationen und Netzwerk

Wissen kann sich auch durch eine **bessere Vernetzung der Neuronen im Nervensystem** bzw. im Gehirn entwickeln. Diese Verbindungen nennt man auch Assoziationen, da ein Gedanke mit einem anderen Gedanken assoziiert/ verbunden wird. Wir benötigen diese **Verbindungen, um Zusammenhänge herstellen** zu können oder, um ein größeres Detailwissen und -können erwerben zu können. Für junge Kinder gibt es dann unter dem Begriff „Baum“ oder „Rolle vorwärts“ noch nicht viele Details, da es noch keine oder nur wenige **assoziative Verknüpfungen** gibt. Hat ein Kind aber bereits Vorerfahrungen mit dem Abstützen auf den Händen, dem Schaukeln auf dem Rücken oder Abspringen mit den Beinen gemacht, kann es **an diesen Vorerfahrungen anknüpfen** und die komplette Rolle vorwärts anhand dieser Vorinformationen leichter ausführen.

2.2.3 Interaktion zwischen Gehirnteilen

Das Zusammenspiel zwischen einzelnen Bereichen des Gehirns kann sich durch entsprechende Aufgabenformate ebenfalls verbessern. Es ist also nicht nur die bessere Vernetzung innerhalb einer Gehirnstruktur, sondern auch die interaktive bzw. interneuronale Kommunikation zwischen den Gehirnteilen entwickelbar. So können beispielsweise tiefer im **Inneren liegende** (meist stärker emotionsbezogene) Bereiche des Gehirns auch mit **weiter außen liegenden** Gehirnteilen (z. B. mit dem präfrontalen Kortex, welcher auch für die Verhaltenskontrolle zuständig ist) in **Interaktion** treten. Impulse, die zu rationalem Denken und systematischem Problemlösen anregen, sowie emotionale Erlebnisse und Gefühle werden besser miteinander in Verbindung gebracht. Bewegung und Sport können **emotional gefühlt**, aber auch **rational und systematisch angewandt** werden.

2.2.4 Anpassungsvorgänge bei Entwicklung

Das Erlernen von sportlichen Bewegungen ist ein Lern- und Entwicklungseffekt, welcher sich demnach u. a. durch Verbesserungen in folgenden Bereichen zeigt:

- Eine bessere **Enkodierung** („Ich verstehe, wovon mein(e) Trainer(in) redet")
- Eine höhere **Verarbeitungsgeschwindigkeit** („Ich habe es schnell kapiert")
- Ein besseres **Handlungswissen** („Ich weiß, was richtig und was falsch ist")
- Eine bessere **neuronale Vernetzung** („Das kenne ich schon, das kann ich gedanklich verbinden")
- Eine bessere **Selektionsfähigkeit** der **Aufmerksamkeit** („Ich kann mich gut auf das Wesentliche konzentrieren")

- Eine bessere Abrufbarkeit von **Handlungsskripts** („Ich habe die Bewegung gut automatisiert und kann das Schema jederzeit leicht abrufen“)
- Bessere **Interaktion kognitiver Prozesse** („Ich kann all diese Prozesse gut koordinieren“)

2.3 Intelligenzförderung

Intelligenzförderung gehört zu dem Vermitteln von Kompetenzen beispielsweise dazu, weil Kinder aufgrund einer besseren Fähigkeit der Verhaltenskontrolle (unerwünschtes Verhalten hemmen können) in der Regel konzentrierter mitmachen und auch ihre **Aufmerksamkeit besser auf das Wesentliche fokussieren** können, was wie gerade erläutert eine wichtige Grundvoraussetzung für Lernen ist. Zudem stehen Lernen und Intelligenz in einer Wechselbeziehung zueinander.

2.3.1 Der Begriff „Intelligenz“

Bei richtigem Training erfolgt nach dem Sport eine biologische Anpassung im Körper. Der Körper baut bei entsprechenden Reizen neue Zellen und neues Gewebe auf. Auch Gehirnzellen bzw. das Nervensystem passen sich an. Auf diese Weise kann Sport in vielerlei Hinsicht zur Förderung der Intelligenz beitragen. Doch was meinen wir eigentlich mit dem Begriff „Intelligenz“? Manche Wissenschaftler (z. B. Wechsler) definieren Intelligenz als **zweckvolles Han-**

deln, vernünftiges Denken und der Fähigkeit, sich mit seiner Umgebung wirkungsvoll auseinanderzusetzen (vgl. Petermann, 2011).

Andere gliedern die Intelligenz in verschiedene Unterpunkte wie z. B. **räumliches Vorstellungsvermögen** (mentale Operationen), **Sprachgewandtheit, Gedächtniskapazität, Verarbeitungsprozess, logisches Schlussfolgern** (analog, induktiv, deduktiv), **Problemlösefähigkeit, Zusammenhänge erkennen oder Abstraktionsvermögen** etc. auf.

Auch eine Einteilung in **fluide Intelligenz** (genetische Auffassungsgabe/ Verarbeitungsniveau) und **kristalline Intelligenz** (im Leben erlerntes Faktenwissen) ist nach Catell (1963) möglich.

Spearman (1961) teilt die Intelligenz in einen **Generalfaktor** und **spezielle kulturabhängige Fähigkeiten**. Zudem gibt es die **soziale** und die **emotionale Intelligenz**.

2.3.2 Förderungsfähigkeit der Intelligenz

Rund 50 % der Intelligenz werden häufig als genetisch erklärt, d. h. 50 % der Intelligenz kann weiterentwickelt werden. Der Rest ist durch genetisch vererbte Voraussetzungen festgelegt (z. B. die Gedächtniskapazität ist nach modernen Erkenntnissen stark genetisch begrenzt). Betrachtet man Intelligenztests und die einzelnen Definitionen und Ansätze genauer, so fragt man sich wo die Grenzen der Intelligenz liegen. Was eigentlich Intelligenztraining ist und was nicht, ist schwer zu definieren. Wir gehen bei unserer Intelligenzförderung daher davon aus, dass ein Lernfortschritt mit biologischer Anpassung in einem der oben genannten Unterbereiche erfolgt.

Im Folgenden zur Verdeutlichung ein paar Beispiele, wie Intelligenz im Sport gefördert wird:

Mentales Vorstellungsvermögen kann im Sport z. B. durch Aufgaben, welche die Orientierungsfähigkeit verbessern, sowie generell durch enaktive Handlungen im Raum mit verschiedenen Materialien gefördert werden. Ein Kind, welches z. B. einen Ball hochwirft, sich einmal dreht und dann den Ball wieder auffängt, kann sich auch leichter in Gedanken vorstellen, wie die Rotation eines Objektes im Raum erfolgt. Bei mathematischen Problemen in der Geometrie kann dieses Wissen dann nützlich sein und bei mentalen Rotationsvorstellungen helfen.

Sprachgewandtheit kann durch Interaktionen mit anderen Partnern erfolgen, z. B. wenn Kinder sich gegenseitig Feedback geben sollen, ihre Emotionen sprachlich ausdrücken, Teamaufgaben bewältigen oder Handlungsschritte im Sport beschreiben sollen. Auch in Reflexionsrunden ab dem Jugendalter können sprachliche Kompetenzen in Interaktion mit der Lehrkraft erweitert werden.

Gedächtniskapazität kann durch Spiele trainiert werden, bei welchen sich die Kinder etwas merken müssen (z. B. bei dem Spiel Merkball muss sich das getroffene Kind merken, wer es abgeworfen hat. Bei dem Farbspiel müssen

Kinder sich merken, bei welcher Farbe sie welche Aufgabe ausführen müssen, usw.).

Das Verarbeitungsniveau kann verbessert werden, indem man z. B. bei dem Roboterspiel den Partner mehrmals antippt und dieser dann entsprechende Bewegungen ausführen muss. Erfolgen die Befehle an den Roboter schneller und sind es mehr, so wird es wesentlich schwieriger, die wahrgenommenen Informationen schnell zu verarbeiten.

Logisches Schlussfolgern kann durch Antizipation von Handlungen im Sport trainiert werden, z. B. könnte der Lehrer fragen, ob eine weite Ausholbewegung eher auf einen langen Pass hindeutet oder eher auf ein kurzes Zuspiel. Zahlreiche Erkenntnisse und Körpererfahrungen im Sport geben dem Kind Rückmeldungen, ob eine Bewegung richtig oder falsch ausgeführt wurde, wodurch eine logische Schlussfolgerung notwendig wird.

Problemlösefähigkeit kann durch die Konfrontation mit Problemen erfolgen, die dem Anforderungsniveau der Kinder entsprechen. Zum Beispiel können die Kinder bei dem Spiel „Schiffsbruch" selbst auf die Lösung kommen, wie man mit zwei Booten (Matten oder Reifen, in welchen die Kinder stehen), ohne Ruder durch Teamarbeit an das nächste Ufer gelangen kann (Lösung: alle steigen in das vordere Boot und schieben dann das hintere Boot immer wieder nach vorne). Eine Problemstellung kann auch lauten, wie ich den Ball bestmöglich in den Korb treffen kann. Dabei sollten individuelle Lösungen der Kinder zugelassen werden. Im Sport lösen Kinder unterbewusst ständig Probleme (wie passe ich den Ball am besten zu meinem Mitspieler? Wie kann ich am effektivsten ein Tor erzielen?).

Zusammenhänge erkennen kann durch Fragestellungen (vor allem „Warum-Fragen“ oder „Kommt dir das bekannt vor?“) im Sportunterricht gefördert werden. Zudem bilden sich bei Kindern neuronale Verbindungen durch Bewegungs- und Spielerfahrungen selbstständig aus, wenn Zusammenhänge hergestellt werden können (z. B. Ähnlichkeiten beim Dribbeln im Basketball und im Handball/ Freilaufbewegungen in verschiedenen Sportarten/ Zusammenhänge zwischen der Bewegungsausführung des Kindes und dem resultierenden Ergebnis der sportlichen Handlung).

Das Vermitteln von Lernstrategien (Eselsbrücken, Clustern, Lernmethoden etc.) kann ebenfalls sehr förderlich sein, ist jedoch erst ab dem Jugendalter gewinnbringend für die Kinder, da hierzu höhere metakognitive Fähigkeiten und ein gewisses Erlernen der Strategien notwendig sind.

Reflexives Denken kann ebenfalls ab dem Teenager-Alter geschult werden, indem man die Kinder nach einer sportlichen Betätigung nach ihren Eindrücken und Erfahrungen fragt. Dabei geht es vorrangig darum, dass die Kinder ihr eigenes Verhalten wahrnehmen und überdenken. Ein Kind, das gut das eigene Verhalten reflektieren kann, ist besser in der Lage, sein Verhalten zu steuern und ist demnach in der Regel disziplinierter.

Soziale und emotionale Intelligenz können durch die Förderung der Empathie verbessert werden. Kinder müssen lernen, sich in die Gefühle anderer Personen hinein zu versetzen und etwas auch aus deren Perspektive sehen können. Diese in der Wissenschaft auch als Theory of Mind bezeichnete Fähigkeit vermindert anti-soziales Verhalten wie Aggression, Gewalt und kriminelle Delikte, welche häufig aus Missverständnis der anderen Person heraus entstehen. In Sportspielen versetzen sich Kinder besonders bei hohen Spielergebnissen (oder unfairen Teams) auch in die Gefühlslage des Gegners.

Das Zusammenspiel zwischen Gehirnbereichen kann durch Übungen, die „Überkreuz-Tätigkeiten“ beinhalten, gefördert werden. Diese Übungen beanspruchen beide Gehirnhälften und fordern die sogenannten **extrapyramidalen Bahnen** heraus. Die aktivierten Gehirnareale müssen zusammenarbeiten, damit die Übungen gelingen. Beispielsweise kann man im Vierfüßerstand das rechte Bein und den linken Arm gleichzeitig anheben oder bei Schrittsprüngen das rechte Bein und den linken Arm vorne positionieren. Auch das Anwerfen von zwei kleinen Bällen mit Fangen bei überkreuzten Armen erfordert ein Zusammenspiel beider Gehirnhälften. Jüngere Kinder werden bei diesen Aufgaben anfangs ihre Schwierigkeiten haben. Wenn Sie dabei auf eine korrekte Ausführung Wert legen, werden die Kinder in der Regel ihre Motorik und Intelligenz (im Hinblick auf die **Zusammenarbeit einzelner Gehirnareale**) verbessern.

Da sportliches Training in vielen Situationen die **Wahrnehmung** durch unsere **Sinne** (Auge, Ohren, inneres Körpergefühl -> Muskelspannung oder Gelenkstellung, Geruch, Geschmack, Berührungen, Gleichgewichtssinn usw.) trainiert und die Wahrnehmung eine wichtige Grundvoraussetzung für die Informationsaufnahme beim Lernen darstellt, fördert Sport auch in dieser Hinsicht die Intelligenz bzw. die Lernfähigkeit der Kinder.

Wenn Sie die Aspekte der Intelligenzförderung in ihre **Gruppenführung** mit einfließen lassen, werden die Kinder mit der Zeit viel besser mitdenken und das Lernen in der Sportstunde gelingt wesentlich besser. Die Nervenzellen im vorderen Hirnlappen werden ausgebaut und Verknüpfungen erweitert, wodurch sich eine bessere Verhaltenskontrolle bei den Kindern entwickelt, welche überwiegend im vorderen Gehirnbereich verankert ist.

3. Vermitteln im Kindersport

3.1 Eine Lernumgebung gestalten

Dass Kinder das Vermittelte annehmen, kann nicht ohne Weiteres garantiert werden. Der Sportlehrer kann nur ein Lernangebot machen, welches die Kinder nutzen können (vgl. Helmke, 2015). Dazu muss der Sportlehrer das Angebot bestmöglich **strukturieren** und **organisieren**. Expertise und Persönlichkeit (inkl. Werte, Erwartungen und Einstellungen) des Lehrers spielen eine wichtige Rolle. Für die Nutzung des Lernangebots ist das Kind von familiären und lernbezogenen **Voraussetzungen** abhängig. Zudem sind **Kontextbedingungen** entscheidend, wie z. B. historische Entwicklungen, Art der Klassenführung, institutionelle Voraussetzungen und das Klassenklima, damit ein Lernangebot von Kindern auch genutzt wird. Wenn ein neuer Schüler/ eine neue Schülerin zum ersten Mal in die Kindersportgruppe kommt, können sie dem Kind ein kleines Sportgerät oder andere kognitive Anregungen (einfache Bewegungsvorgaben wie Springen oder Drehen/ Aufbau eines Parcours/ etc.) anbieten. Auch der Einsatz von Musik spielt eine wichtige Rolle bei der Annahme eines Angebots. Ob das Kind dieses Angebot annimmt, bleibt jedoch dem Kind überlassen.

Eine motivierende Lernumgebung ist neben einer gesunden Ernährung und einem gut funktionierenden Herz-Kreislaufsystem eine Grundvoraussetzung für eine biologische Anpassung. Wenn Kinder nicht dazu motiviert sind, etwas Neues zu lernen oder ihre Fähigkeiten auszubauen, kann Lernen nicht gelingen und es kommt trotz zahlreicher Bemühungen kaum zur biologischen Anpassung.

Lernen sollte freiwillig, also kein Zwang, sein. Deshalb sollte die Lehrkraft ein „Lernangebot" machen, anstatt das Wissen in die Köpfe der Kinder einzutrichtern. Dies kann z. B. durch einen motivierenden (Neugier weckenden) Einsatz von Sportgeräten und Bewegungswelten realisiert werden. Bereits das Übergeben eines Seils, Tuches oder Balls kann ein Lernangebot für Kinder darstellen.

Bei der Gestaltung einer motivationalen Lernumgebung spielen, wie bereits kurz erwähnt, auch das verwendete Unterrichtsmaterial, die Aufgabenstellung sowie der Unterrichtsaufbau bzw. Geräte im Unterrichtsraum für Kinder eine wichtige Rolle. Geräte und Aufgaben bzw. Themen sollten Neugier und Interesse wecken und an der Lebenswelt der Kinder orientiert sein. Was sehen Kinder als nützlich, effektiv, wichtig für Ihr Leben an? Dabei ist es die Aufgabe der Lehrkraft, vor allem das Elementare, **Grundlegende und Exemplarische** (also das, was der Kern der Sache ist und was man ggf. auf viele andere Bereiche übertragen kann) zu **vermitteln** (vgl. Klafki, 1964).

Die Faktoren für eine motivationale Lernumgebung und auch die in diesem Buch folgenden Aspekte können zu einer effektiven Lernumgebung erheblich beitragen und den Kindern das Lernen wesentlich erleichtern. Damit das Kind das Lernangebot der Lehrkraft oder der Eltern auch annimmt, ist es demnach wichtig, die Lernumgebung so motivierend wie möglich zu gestalten (z. B. auch durch den

Einsatz von Musik, motivierenden Aufbauten und interessanten Aufgabenstellungen). Statt Informationen einfach den Kindern einzutrichtern, besteht die Einflussmöglichkeit der Lehrkraft auf die Kompetenzen der Kinder eher in der **Aufbereitung einer motivierenden Lernumgebung**, damit das Kind sein Wissen und Können in aktiver Auseinandersetzung mit der Umwelt selbst konstruieren kann. Als Lehrkraft kommt Ihnen dabei eher eine lenkende und vorgebende Rolle zu, anstatt den „großen Lehrmeister und Besserwisser" zu spielen. Auch das folgende Thema ist eine große Herausforderung für die Lehrkraft. Sie zeigt, dass die Lehrkraft keinesfalls zu einer passiven Person im Unterricht wird. Die Aufgaben und Tätigkeitsfelder der Lehrkraft sollten weniger die des frontalen Erzählers als vielmehr die des steuernden Kapitäns sein, der unzählige andere Zügel, wie in diesem Buch beschrieben, steuern muss, um ein möglichst effektives Lernergebnis zu erzielen.

-> Für die **Praxis** bedeutet das ...
Attraktive und **motivierende Angebote** zu machen, die das Kind auch (zumindest mit ihrer Hilfe) bewältigen kann und ggf. zu differenzieren, um jedem Kind ein passendes Lernangebot anbieten zu können.

Lernen im Kindersport ist sowohl für das richtige Verhalten, als auch für die sportliche Verbesserung notwendig. Ihre Aufgabe als Kindertrainer/in ist es, die sportlichen Inhalte und das richtige Verhalten entsprechend zu vermitteln. Ohne Lernen erfolgt keine Entwicklung im Körper des

Kindes. Aber wie vermittelt man Inhalte so, dass Kinder auch etwas dazulernen?

3.2 Die Sportdidaktik

3.2.1 Sportdidaktisches Vorgehen

Im Folgenden wollen wir nun etwas weiter ausholen und Ihnen Hintergrundinformationen für effektives Unterrichten vermitteln. Dazu gehen wir zunächst kurz auf den Zusammenhang zwischen Sportwissenschaft und Pädagogik ein.

Wie hängen Sportwissenschaft und Pädagogik zusammen?
Das Spezialgebiet der **Pädagogik im Sport** wird in der Regel als Sportpädagogik bezeichnet. Die Sportpädagogik ist ein Teilbereich der Sportwissenschaft. Während sich die Sportwissenschaft mit Hypothesen und Evaluationen beschäftigt und anhand von Studien bestimmte Erkenntnisse begründet, beschäftigt sich die Sportpädagogik mit der Bildung und Erziehung im Sport. Entwicklung, Lernen und Sozialisation über den Sport werden behandelt. Die Sportdidaktik ist der Sportpädagogik untergeordnet und wird auch als Kunst der Lehre von Sportunterricht angesehen. Die Sportdidaktik beschäftigt sich also mit Fragen des Lehrens und Lernens im Sport und ist für unsere Unterrichtspraxis von besonders hoher Bedeutung, wenn es um Leistungsverbesserungen bei Kindern geht.

-> Für die **Praxis** bedeutet das ...
Sportstunden **sportdidaktisch sinnvoll** aufzubauen.

3.2.2 Die vier W-Fragen der Sportdidaktik

Die Sportdidaktik geht häufig mit der Beantwortung der folgenden vier W-Fragen einher. **WAS** soll unterrichtet werden (welche Inhalte)? **WOZU/ WOHIN** soll unterrichtet werden (welche Ziele werden angestrebt)? **WIE** soll unterrichtet werden (welche Methoden werden angewandt)? Und unter **WELCHEN BEDINGUNGEN** (räumliche Voraussetzungen/ Materialverfügbarkeit/ etc.) wird unterrichtet?

-> Für die **Praxis** bedeutet das ...
Sportstunden sollten **systematisch geplant** werden. Dabei sollten die wesentlichen Fragen (**Ziele, Inhalte und Methoden**) festgelegt sein.

3.2.3 Grundlegende didaktische Sportkonzepte

In der Sportpädagogik haben sich vier wesentliche Konzepte etabliert, die in zwei historische Strömungen unterteilt werden können. Einerseits dem sogenannten pragmatisch-qualifikatorischen Strom, andererseits dem kritisch-emanzipatorischen Strom (letzterer stellt das Subjekt mit seinen Persönlichkeitseigenschaften mehr in den Vordergrund).

Im ersten Konzept nach Söll (1995) geht es um das **Erlernen der Sportarten**. Insbesondere Turnen, Leichtathletik und Handball (sowie Schwimmen) sollen sportartspezifisch erlernt werden. Dabei handelt es sich um einen Ansatz, bei welchem der **Lehrer im Zentrum** steht und Aufgaben klar vorgibt.

Im zweiten Konzept von Kunze geht es um **Handlungsfähigkeit** (vgl. Pfitzner, 2018). Sport wird aus mehreren verschiedenen **Sinnperspektiven** betrachtet. Die **Erziehung durch Sport** fand als ganzheitlicher Ansatz viele Anhänger.

Im dritten Konzept von Funke geht es um **Körpererfahrung** (vgl. Funke, 1999). Dieser Ansatz lehnt sich stark an die Elemente der Körpertherapie an. **Erfahrungen mit dem eigenen Körper**, sowie das **Wahrnehmen** stehen im Vordergrund. Dabei wird zieloffen und selbstständig, also eher **schülerzentriert** vorgegangen.

Die letzte Konzeption nach Volkamer (1976) ist die Anti-Didaktik bzw. **Spaß-Didaktik**. Dieser sieht Sport gerade eben nicht als Erziehungsinstrument, sondern **zweckfrei** als Möglichkeit der **Sinnfreiheit** und als entschulende Funktion. Dieser Ansatz ist in unserer heutigen Welt ebenfalls sehr relevant, da der hohe Leistungsdruck und die starke Kompetenzorientierung der Schule und der Gesellschaft einen „sinnfreien Rückzugsort“ immer wichtiger werden lassen.

-> Für die **Praxis** bedeutet das ...
Die vier Ansätze **Spaß**, **Körpererfahrung**, **Erziehung** durch Sport und das Erlernen der **Sportarten** in einem

Sportprogramm zu kombinieren oder einen Schwerpunkt zu setzen.

3.2.4 Der „Doppelauftrag“

Der Doppelauftrag stammt aus der Schule und soll Erziehung **zum Sport** (Sportarten lernen, Fitness, Gesundheit) und Erziehung **durch Sport** (Persönlichkeitseigenschaften, Sozialkompetenz) vereinen (vgl. Zeuner, 2015). Der Trend geht vermehrt dahin, Bewegungsfelder (z.B. Laufen, Springen, Werfen), statt konkrete Sportarten zu vermitteln. Handlungsfähigkeit und allgemeine Bildung spielen, wie bereits erläutert, eine ebenso wichtige Rolle, wie das Erlernen sportartspezifischer Techniken. Mehrperspektivität mit Berücksichtigung verschiedener Interessen und Sinnperspektiven sowie eine Vermittlung von Lern- und Reflexionsstrategien, treten in den Vordergrund.

-> Für die **Praxis** bedeutet das ...
Nicht nur die sportlichen Fähigkeiten auszubilden, sondern auch die **Persönlichkeit** über den Sport **weiterzuentwickeln**.

3.2.5 Differenzierung

Mit Differenzierung ist gemeint, dass man schwächeren oder besseren Kindern ein entsprechend leichteres oder schwierigeres Aufgabenniveau zuteilt. Man „differenziert“ (= unterscheidet) zwischen besseren und schwächeren Kindern und schafft passende Alternativen, Hilfen oder Zusatzaufgaben. Die äußere Differenzierung findet oftmals ohnehin durch die Einteilung in verschiedene Altersgruppen statt. Damit entstehen bereits unterschiedliche Niveaustufen, wenn die Inhalte dem Altersbereich angepasst werden. Gewisse Unterschiede zwischen den Kindern wird es aber immer geben und diese sind auch im späteren Berufsleben immer wieder gegeben. Differenzieren können sie grundsätzlich in **Zielen, Inhalten** und **Methoden** oder nach **Lerninteresse**, **Lernstilen** und **Lerntempo** der Kinder. Es ist eine **qualitative** (z. B. höheres Anforderungsniveau einer Aufgabe) und eine **quantitative** (mengenmäßige, z. B. mehr Wiederholungen einer Übung) Differenzierung möglich. Es muss auch zwischen individuellem Unterricht, kooperativem Unterricht, gemeinsamem Unterricht und blendet learning unterschieden werden. Auch Entscheidungskompetenz, fachliche bzw. sportmotorische Kompetenz sowie Sozial-, Selbst- und Handlungskompetenz sind bei jedem Kind unterschiedlich ausgeprägt. Der Lehrer kann an diesen „Stellschrauben" den Unterricht spezieller auf einzelne Kinder zuschneiden.

-> Für die **Praxis** bedeutet das ...
Sich in der Unterrichtsvorbereitung und -Reflexion **Gedanken über Differenzierungsmöglichkeiten** zu machen, damit man diese gegebenenfalls schnell parat hat, wenn Kinder über- oder unterfordert sind.

3.2.6 Hohe Belastung im Sportunterricht

Besonders wichtig ist auch der Umgang mit der hohen Belastung als Sportlehrer. Mangelnde Disziplin, vor allem in Organisationsphasen (z. B. bei Erläuterungen, bei der Aufstellung der Kinder und bei dem Aufbau von Materialien und Geräten). Generell ist mit steigender Anzahl an Sportstunden auch eine erhöhte Belastung verbunden, die zu hohen Belastungen für Lehrkräfte und Eltern führen kann. Im Alter zeigt sich in jungen Jahren sowie in höherem Alter eine erhöhte Belastung (entsprechend einer „V-Kurve"). Ein Drittel aller Sportlehrkräfte fühlen sich **stark bis sehr stark belastet**. Hoher **Lärmpegel** führt in großen Räumen zu stimmlichen Belastungen. Ein Stimmtraining ist unbedingt anzuraten und das „Darüberreden" über einen Lärmpegel durch leiseres Sprechen zu ersetzen. Durch regelmäßige Erinnerung an die Einhaltung von Organisationsregeln, den Einsatz von klaren Signalen und Ritualen werden viele Abläufe automatisiert und somit erleichtert. Auch störende Geräusche von Außen (benachbarten Anlagen/ gleichzeitig trainierende Gruppen/ Baustellen/ etc.) sollten von der Lehrkraft gezielt eliminiert werden. Belastungen sollten hinterfragt und identifiziert werden und in Reflexionsphasen überdacht und mit Lösungsmaßnahmen bekämpft werden, damit Unterrichten für beide Seiten angenehm wird.

-> Für die **Praxis** bedeutet das ...
Sich als Sportlehrkraft frühzeitig auf **eine hohe Belastung einzustellen** und von Beginn an dauerhafte **Lösungsmög-**

lichkeiten zu erarbeiten, um die eigene Gesundheit zu schützen.

3.3 Prinzipien für das Vermitteln

3.3.1 Lernstand erheben

Was ist also wichtig, wenn wir Kindern Kompetenzen vermitteln möchten? Als Erstes müssen Sie wissen, auf welchem Leistungsstand die Kinder stehen. Durch eine einfache **Lernstandserhebung** (Beobachtung der motorischen Fähigkeiten und Fertigkeiten/ Einschätzung der körperlichen Fitness aufgrund des Erscheinungsbildes/ Reaktionen auf Aufforderungen/ Was kennen und wissen die Kinder bereits -> Was ist ein Pferd? etc.) gelangen sie als erfahrene Lehrkraft schnell zu ersten Erkenntnissen. Im Folgenden erläutern wir Ihnen, warum die Lernstandserhebung eine der wichtigsten Voraussetzungen für die Vermittlung von Kompetenzen darstellt.

3.3.2 Auf dem Vorwissen aufbauen

Neue Informationen müssen nach Ihrer selektiven Wahrnehmung im Gedächtnis gespeichert werden. Dies gelingt nur, wenn bereits Vorwissen vorhanden ist, an welches die Kinder das neue Wissen anknüpfen können. Damit die neuen Informationen auch von den Kindern angeknüpft werden können, sollten Sie also **auf dem Vorwissen bzw. den Vorerfahrungen der Kinder aufbauen,** andernfalls verstehen die Kinder nicht, was Sie meinen und können dann auch nichts dazulernen, sondern sind frustriert, demotiviert oder verwirrt.

3.3.3 Das Vorwissen aktivieren bzw. wiederholen

Idealerweise **aktivieren bzw. wiederholen** Sie also noch einmal das **Vorwissen**, bevor Sie einen neuen Lerninhalt vermitteln.

3.3.4 Die Wahrnehmung trainieren

In Bezug auf den neuen Lerninhalt müssen wir zunächst immer eine gute **Wahrnehmung ermöglichen,** damit die Informationen in das sensorische Register aufgenommen werden können. Dazu gehört das **Eliminieren von Störquellen** (ruhige Gruppe/ keine Nebengeräusche/ keine ablenkenden optisch-wahrnehmbaren Reize/ etc.), welche die Wahrnehmung der relevanten Informationen negativ beeinträchtigen und auch das regelmäßige **Trainieren der Wahrnehmung** (optisch, akustisch, taktil, olfaktorisch, gustatorisch, kinästhetisch, etc.).

3.3.5 Aufmerksamkeit gewinnen und lenken

Als zweiten Schritt, um effektives Lernen zu ermöglichen, gilt es nun, die **Aufmerksamkeit** der Kinder zu **gewinnen** und die **Aufmerksamkeit auf die wesentlichen Aspekte**

zu lenken. Ohne Aufmerksamkeit und selektive Wahrnehmung kann kein Lernen stattfinden, da die relevanten Informationen dann nicht ins Kurzzeitgedächtnis gelangen.

Hierfür eignen sich **motivierende emotionale Einstiege** in das neue Lernthema, die z. B. als **Impulse** („Denkanstöße“) mit unterschiedlichen Realien oder Medien umgesetzt werden können. Bei der Vermittlung neuer Informationen sollte also immer zuerst ein **emotional-positiver Affekt** erzeugt werden. Dies kann z. B. vor dem Seilspringen durch ein Laufen mit einem Partner als Pferd mit einem Seil um den Bauch geschehen. Die Kinder assoziieren dann mit dem Seil eine freudvolle Tätigkeit und können erste positive Erfahrungen mit dem Seil machen. Dieser Schritt wird auch häufig als „Warm-up“, „Einstimmung“ oder „Schüler(innen) ins Boot holen“ bezeichnet. Gelingt ihnen ein emotional-ansprechender Einstieg, ist das die beste Voraussetzung für einen anschließenden guten Lernzuwachs. Beachten Sie diesbezüglich auch die Hinweise in den späteren Kapiteln zum Thema Motivation und messen Sie dieser Phase des Lernens einen hohen Stellenwert bei, da er die Grundlagen für weiteres Lernen schafft.

3.3.6 Gliederung in minimale Teilziele

Ist der emotionale Einstieg gelungen, sollte die Lehrkraft nun möglichst **nur einen Aspekt** bzw. ein **Teilziel** (maximal 4) bei Kleinkindern innerhalb einer Lerneinheit vermitteln, da es andernfalls die Kapazität des Kurzzeitspeichers der Kinder überfordert. Dies entspricht auch dem Prinzip der **didaktischen Reduktion auf das Wesentliche**. Und auch der Theorie, **exemplarisches Lernen** in den Mittelpunkt zu stellen, wird damit Rechnung getragen (nur Erkenntnisse vermitteln, die auf viele andere Situationen übertragbar sind; sozusagen exemplarisch in vielen Situationen nützen). Der Lerninhalt muss so weit heruntergebrochen bzw. reduziert und **vereinfacht** werden, dass er an den **aktuellen Lernstand** der Kinder angeknüpft werden kann.

3.3.7 Kleinschrittiges, strukturiertes Vorgehen

Das Vermitteln eines neuen **Lerninhalts** gelingt durch einen methodischen Aufbau mit **kleinen Teilschritten** und einer **klaren Unterrichtsstruktur** am besten. Es ist also in **kleinen Schritten** vorzugehen, welche die Vorerfahrungen des Kindes um ein bis maximal vier Aspekte erweitern und bei welchen das Kind Aufgaben bewältigt, die es davor noch nicht alleine bewältigen konnte (sogenannte „Zone der proximalen Entwicklung“ nach Wygotsky). Dazu sollten die einzelnen Unterrichtsbereiche klar voneinander abgegrenzt sein, damit eine nachvollziehbare Struktur entsteht. Diese **einzelnen Teilabschnitte** sollten **transparent benannt** oder visualisiert werden, damit die Kinder ihre Struktur deutlich erkennen. Um neues Wissen auch richtig abspeichern zu können, ist es hilfreich, wenn man auch das **Thema** spätestens nach dem emotionalen Einstieg **klar formuliert.** Die Kinder können die gelernten Informationen dann „besser gedanklich einordnen“, wodurch sich die

Chance auf Lernzuwachs und das Behalten bzw. Abrufen aus dem Gedächtnis erhöht.

3.3.8 Erster Teilschritt

Als erster Teilschritt sollte im Sport eine möglichst **perfekte Demonstration von sportmotorischen Bewegungsmerkmalen** oder **sportlichen Handlungen** stehen, welche eine perfekte mentale Repräsentation und damit später auch eine qualitativ hochwertigere Bewegung der Kinder ermöglicht (vgl. Modelllernen). Zu Beginn ist die Konzentration und damit die Aufmerksamkeit der Kinder noch hoch. Mit zunehmender Dauer der Teilschritte kann diese langsam abnehmen. Das zu erreichende Ziel stellt daher den wichtigsten Teilschritt dar und macht den Kindern deutlich, welches Ziel erreicht werden soll. **Falsche angeborene Denkvorgänge** müssen dabei erkannt und thematisiert werden sowie angeborene Grunddenkweisen genutzt werden, wann immer dies möglich ist.

3.3.9 Zweiter Teilschritt

Im zweiten Teilschritt beginnt die **Umsetzung einer Lernmethode** mit einer didaktisch reduzierten Aufgabe, die an das Vorwissen anknüpft. Dabei kommen alle **Methoden** der Sportwissenschaft (progressive Teillernmethode, Effektlernen, Bewegungsbaustelle, Übungsreihe, Spielreihe, Wechsel zwischen Übungs- und Spielreihe, u. v. m.)

zum Einsatz. Der Lerninhalt wird anhand der Methode **Schritt für Schritt erarbeitet**.

Eine starke Unterstützung der Kinder durch **individuellen Support** der Lehrkraft oder angebotene Hilfsmöglichkeiten (vgl. „Scaffolding“ nach Bruner) sind sehr hilfreich, um das Lernen zusätzlich zu erleichtern. Dabei muss innerhalb der Methode individuell **differenziert** werden, um jedes Kind optimal zu fördern. Aufgaben und Teilschritte sind so **anzupassen,** dass jedes Kind weder unter- noch überfordert wird. Dies kann durch angepasste Aufgabenformate, zusätzliche Hilfsmaßnahmen, individuelle Korrekturen und erneute Demonstrationen sowie explizite Übungsaufgaben erfolgen. **Positives Feedback** unterstützt die Lernmotivation zusätzlich. Auf das Thema Feedback gehen wir in einem späteren Kapitel noch näher ein.

3.3.10 Vertiefen und Vernetzen

Damit der neue Lerninhalt auch länger im Gedächtnis bleibt, werden in einer anschließenden **Vertiefungs- und Anwendungsphase** Inhalte tiefgehender behandelt. Dabei wird der Lerninhalt mit weiteren Details oder anderen Lerninhalten und Anwendungsmöglichkeiten verbunden. Es wird ein „Netzwerk“ um den Lerninhalt herum aufgebaut. Die neuen Informationen müssen in irgendeiner Art und Weise weiterverarbeitet bzw. weiterverwendet werden. Die Festigung des Lerninhalts kann auch durch häufige Wiederholungen erfolgen. Kinder brauchen dann **genügend Zeit zum Üben**, damit sich das Gelernte auch im

Langzeitgedächtnis festigen kann und feste Handlungsschemata entstehen, die flexibel in verschiedenen Situationen abgerufen werden können. Authentische Lernsituationen mit **Interaktionsmöglichkeiten** durch Partner- oder Gruppenarbeit sollten ab 6 Jahren regelmäßig erfolgen, damit Kinder in sozialen Situationen partizipieren können.

3.3.11 Gelerntes Sichern

In einer **Sicherungsphase** soll der neue Lerninhalt zuletzt noch einmal gezeigt bzw. aus dem Gedächtnis abgerufen werden. Kinder zeigen sich gegenseitig oder vor der Gruppe noch einmal die erlernte Bewegung und erläutern ggf. wichtige Aspekte. Als eine Art Zusammenfassung wird dadurch der gelernte Inhalt noch einmal sehr deutlich und der neue Lernzuwachs kann sowohl von Kindern als auch von der Lehrkraft beobachtet werden.

3.3.12 Reflektieren und Verarbeiten

Kindern muss die Zeit gegeben werden, ihre **Lernfortschritte reflektieren** zu können und in Entspannungsspielen das **Gelernte zu verarbeiten**. Andernfalls kann es zur Überlastung kommen und weitere Lernfortschritte stagnieren. Daher ist zuletzt noch eine Reflexionsphase anzuschließen, in welcher die Kinder in Entspannungsspielen (stillen Reflexionsphasen) oder in Gesprächen (inhaltliche oder methodische Reflexionen) ihren Lernzuwachs/ Lernstrategien/ ihr Verhalten/ ihre Probleme etc. hinterfragen.

3.4 Umsetzung des Lehrkonzepts

Wie werden diese Phasen zur Vermittlung von Kompetenzen im Kindersport umgesetzt?

3.4.1 Unterrichtsphasen

Im Folgenden wird erläutert, wie diese Phasen in den Unterrichtsverlauf integriert werden.

3.4.2 Die Begrüßung

Zu Beginn und am Ende der Stunde bildet ein **Ritual der Sportstunde** den Rahmen für jede Unterrichtsstunde.

Rituale sind sehr wichtig für jede Unterrichtsstunde. Sie schaffen einen **soliden Rahmen** und Verlässlichkeit. Das Begrüßungsritual sollte **in jeder Stunde zu Beginn und am Ende** durchgeführt werden.

Dabei darf kein Kind fehlen oder „in der zweiten Reihe des Kreises sitzen". Eine Kreisaufstellung hat immer auch einen **Teambuilding-Effekt,** der nicht unterschätzt werden darf. Kinder, die nicht gleichmäßig im Kreis stehen/ sitzen, finden eventuell nicht genügend Anschluss an die Gruppe und müssen besser integriert werden.

Durch das Ritual erkennen Eltern und Kinder sofort einen professionellen Ablauf der Unterrichtsstunde. Zusammen mit den vier Unterrichtsphasen sowie den Trinkpausen nach jeder Unterrichtsphase ergibt sich ein **gut kontrollierbarer** und **gut steuerbarer** Ablauf der Unterrichtsstunde. Das zeigt gute Qualität und eine professionelle Führung der Kinder.

Ab der Altersstufe „Minis“ kommen **Impulse** zum Einsatz, die eine Stunde einleiten und zum Stundenthema hinführen. Impulse sind Anregungen für die Kinder, sich an etwas Gelerntes zu erinnern oder um die Kinder zum Handeln bzw. zum Nachdenken anzuregen. Es gibt verschiedene Arten von Impulsen, z. B. Bildimpulse, Video (an bestimmter Stelle stoppen), Provokative Aussagen, Fragen, Hör-Impulse, Gegenstände/ Realien/ Karten, Symbole, Gesten, Mimik, Position im Raum, Formen, Phänomene, Widersprüche, Gegensätze, Vergleiche, Bewegungen, Problemstellungen, Arbeitshefte u. v. m. Beispielsweise kann es bereits ein „stummer Impuls“ sein, einen Ball in die Mitte des Sitzkreises zu legen und diesen Impuls für einige Sekunden wirken zu lassen.

Ziel ist es, genauso wie beim Ablauf der Begrüßung, bestimmte Arten von **Impulsen zu ritualisieren**. Das bedeutet, dass auf einen bestimmten Impuls der Lehrkraft eine bestimmte Handlung der Kinder folgt. Wird beispielsweise ein Gegenstand (z. B. ein Ball/...) in die Mitte eines Sitzkreises gelegt, so sollen die Kinder automatisch beschreiben, was sie dort sehen oder welche Gedanken und Gefühle sie mit dem Gegenstand verbinden. Je nach Art des Impulses werden bestimmte Abläufe „eintrainiert“ und über längere Zeit hinweg ritualisiert.

Idealerweise verbindet die Lehrkraft auch noch die Körpersprache oder Mimik mit der entsprechenden Art des Impulses. Beispielsweise fangen die Kinder immer an, sich zu melden, wenn der Lehrer eine bestimmte „Start-Geste“ macht oder sich an einen bestimmten Ort stellt.

In dem Kapitel Lerntheorien im Bereich „Konditionieren“ finden sie Hintergrundinformationen zur Wirkungsweise dieses Vorgehens. Setzen Sie also besser gezielte Impulse, anstatt zu viel zu reden oder lange zu erklären. Das entlastet Sie als Lehrkraft und regt die Kinder zu konstruktivistischer/ selbständiger Auseinandersetzung mit dem Lerninhalt an.

Impulse setzen voraus, dass die Kinder wissen, was sie zu tun haben. Daher müssen Impulse erst in den ersten Wochen antrainiert und deren Bedeutung bzw. Erwartungen an die Kinder verständlich erklärt werden.

3.4.3 Wiederholung der letzten Stunde

Nachdem die Lehrkraft zum Stundenthema hingeführt hat, findet durch einen weiteren Impuls in Form eines einfachen **Symbols** (z. B. ein rotes Ausrufezeichen, welches für „das weißt du schon!“ steht) ein kurzer Rückblick auf die Inhalte der letzten Stunde statt. Die Kinder melden sich daraufhin, sobald die Lehrkraft eine bestimmte Geste ausführt und an einer bestimmten Position steht. Sie wiederholen Gelerntes aus der letzten Stunde in Theorie und Praxis, wobei bei den Kindern der Schwerpunkt auf der Praxis liegt. Sie demonstrieren also kurz erlernte Bewegungen oder beschreiben, welche Bewegungsmerkmale relevant sind, damit anschließend an dieses Vorwissen angeknüpft werden kann.

3.4.4 Einstiegsphase

Nun beginnt der Einstieg in das Thema der Stunde. Dabei findet durch einen möglichst emotionalen Impuls zunächst ein **emotional-positiver Affekt** statt, damit die Kinder ihre Aufmerksamkeit auf den neuen Lerninhalt ausrichten und sich darauf einstimmen können. Beispielsweise wird das Dribbeln im Basketball durch einen Bildimpuls eingeleitet. Die Lehrkraft zeigt ein Foto aus der NBA, welches einen dribbelnden Profi-Basketballer zeigt und positioniert sich in einer bestimmten Geste an einem bestimmten Ort. Die Kinder melden sich und beschreiben, was sie auf dem Bild sehen und welche Gedanken und Gefühle sie damit verbinden. Der Lehrer lenkt mit weiteren Impulsen, z. B. indem er mit einem Stift auf die Hand oder die Knie des Basketballers zeigt. So können wesentliche Technikmerkmale des Dribblings angesprochen und beobachtet werden. Ein Stundenthema wird möglichst kindernah mit Themen aus deren positivem Erfahrungsschatz verbunden. Beispielsweise kann das Dribbling im Fußball als „Spaziergang mit einem kleinen Babyhund namens Fiffy" assoziiert werden. Der Ball bzw. das „Hundebaby" wird dann mit der Fußsohle gestreichelt und darf niemals wegrollen bzw. weglaufen, sondern muss eng am Fuß laufen (usw.). Der Einstieg kann bereits zu diesem Thema hinführen. Das Stundenthema (z. B. für Kinder zwischen 3 und 8 Jahren: „Wir spazieren mit der Hundewelpe Fiffy“) wird nach dem Einstieg idealerweise von den Kindern selbst genannt.

3.4.5 Transparenzphase

In dieser kurzen Übergangsphase erläutert die Lehrkraft, welche Kompetenz am Ende der Stunde erreicht werden soll (**Was?**), mit welchen Methoden bzw. Stundeninhalten diese erreicht werden soll (**Wie?**) sowie die Gründe für das Erlernen der Kompetenz (**Warum** ist es überhaupt sinnvoll/ nützlich diese Kompetenz zu erwerben?). Diese Phase wird durch einen wohlüberlegten kurzen und prägnanten Lehrervortrag umgesetzt, bevor mit dem Aufwärmen begonnen wird.

3.4.6 Die Aufwärmphase

Es folgt die Aufwärmphase, um auf den folgenden Erwerb der Kompetenz optimal vorzubereiten oder um bestimmte soziale Kompetenzen zu erarbeiten. Die Kinder sollen dabei zunächst ihren **Bewegungsdrang** in Form eines Spiels **ausleben** können. Da die Kinder heutzutage immer weniger Bewegungsräume zur Verfügung haben bzw. häufig „still sitzen müssen“, dient das Ausleben des natürlichen Bewegungsdrangs als Ausgleich. Stresshormone werden dabei abgebaut und somit bessere Lernvoraussetzungen für den darauffolgenden Lerninhalt geschaffen.

3.4.7 Arbeitsauftrag

Um die angestrebten Kompetenzen am Ende der Stunde zu erreichen, ist es unbedingt notwendig, im Hauptteil 1 **gezielte Arbeitsaufträge** zu stellen. Nach dem Aufwärmen und der ersten Trinkpause wird daher ein Arbeitsauftrag ...

a) … so kurz wie möglich **mündlich erklärt.**
b) … wesentliche Bewegungsmerkmale (didaktisch reduziert) **visualisiert.**
c) … Wichtiges **von den Kindern wiederholt** (visuell oder mündlich).

Somit wird sichergestellt, dass jedes Kind genau weiß, was es zu tun hat. Besonders im Sport ist eine eindeutige **vorbildliche** Visualisierung der Aufgabe extrem nützlich und effektiv. **Demonstrieren** Sie wichtige Abläufe vor der Gruppe (mit ausgewählten Kindern, welche die Aufgabe mit ihrer Hilfe möglichst vorbildlich lösen können). Gehen Sie am besten ein Beispiel durch. Die Kinder sollten eine **klare Vorstellung** darüber bekommen, was sie tun sollen.

3.4.8 Erarbeitungsphase

Im Hauptteil 1 erfolgt nach dem Arbeitsauftrag die Erarbeitung der zu erlernenden sportmotorischen Kompetenz. Dabei werden die Kinder in methodischen Übungs- und Spielreihen **systematisch, strukturiert und kleinschrittig** zur gewünschten Kompetenz geführt. Halten Sie die Reihenfolge der methodischen Schritte aus den vorgefertigten

Unterrichtsstunden unbedingt genau ein und achten Sie darauf, alle Schritte vollständig umzusetzen.

3.4.9 Vertiefungs- und Anwendungsphase

Nach der Erarbeitung werden zudem im Hauptteil 2 die erlernten **Inhalte vertieft** und mit anderen Aspekten **vernetzt**. Dies geschieht beispielsweise durch die Anwendung einer erlernten Technik in einer sportartspezifischen Spielform oder in „Kleinen Spielen". Im Hauptteil 2 werden die erworbenen Kompetenzen mit anderen Bereichen verbunden, um das Gelernte auch im Langzeitgedächtnis zu speichern und um das neuronale Netzwerk im Bereich der neu erlernten Kompetenz weiter auszubauen. Möglichkeiten, um eine Festigung im Langzeitgedächtnis im Sport zu erreichen, sind:

- Flexible Einbindung in Spielformen und „Kleinen Spielen"
- Verbindungen zu anderen Lerninhalten („Vernetzen")
- Ausweitungen/ Erweiterungen der erlernten Bewegungen
- Übungsphasen mit hohen Wiederholungszahlen zum Automatisieren der Bewegung
- Anwendung in wettkampfnahen Situationen
- Durch ein „Drill-Training" mit hohen Wiederholungszahlen für das automatisierte Abrufen des Bewegungsschemas üben die Kinder zum Beispiel den Druckpass im Basketball, indem sie sehr viele Druckpässe gegen die Wand ausführen. Bei den Minis muss diese Vertie-

fung oder Vernetzung noch nicht unbedingt die neu erlernten Inhalte enthalten, da junge Kinder dann oft noch überfordert sind. Sinnfreie Spiele „zur Auflockerung" machen dann oftmals mehr Sinn und bereiten den jungen Kindern mehr Freude als eine Vertiefung.

3.4.10 Sicherungsphase

Nach der Erarbeitung werden am Ende des Hauptteils 2 die erlernten **Inhalte gesichert**, damit diese auch im Gedächtnis bleiben. Die Sicherung kann durch eine **Demonstration der erlernten Bewegung** durch die Kinder selbst erfolgen, welche für alle Kinder noch einmal deutlich die neue Kompetenz sichtbar macht. Die wesentlichen Technikmerkmale werden zusätzlich kurz und prägnant zusammengefasst und demonstriert bzw. noch einmal mit Impulsen (Bild/ Video/ Wortkarte/ etc.) visualisiert. Die Sicherung ist eine sehr wichtige Phase, welche den Kindern das Lernen sehr stark erleichtert und das spätere **Abrufen/ Erinnern erleichtert**. Sowohl Kinder als auch die Lehrkraft können dabei den erworbenen Lernzuwachs feststellen.

3.4.11 Reflexionsphase

Im Anschluss an die Sicherungsphase erfolgt eine sehr kurze **Reflexion des Lerninhalts** sowie des **Lernfortschrittes der Kinder**. Eine Reflexion soll die Kinder zum Nachdenken anregen (Wie habe ich mich verbessert?, Was hat mir beim Lernen geholfen?, Was hat gut funktioniert?, Was muss ich noch besser machen? usw.). Auch die Reflexion kann durch Impulse angeregt werden. Bei der sogenannten „Wetterreflexion“ werden z. B. Bilder von Regen/ Gewitter/ Sonnenschein/ Wolken auf den Boden gelegt. Die Kinder sollen ein Bild auswählen und kurz begründen, warum sie dieses Bild ausgewählt haben (z. B. „Gewitterwolken, weil ich mit meinem Lernfortschritt heute noch nicht zufrieden bin/...“). Da die Verbalisierung der Gedanken jedes einzelnen Kindes zu lange dauern würde, reicht es langfristig, wenn die Kinder sich in Gedanken selbst reflektieren und sich nur einzelne Kinder verbal kurz äußern. Dabei müssen besonders junge Kinder zu Beginn noch stark angeleitet werden (z. B. mit „Satzstartern“ = Satzanfang wird vorgegeben, Kind vollendet den Satz: z. B. „Gut funktioniert hat bei mir heute...“).

3.4.12 Schlussphase

Im Schlussteil werden die neu erlernten Kompetenzen mit allgemeinen konditionellen Belastungen bzw. Fitnessübungen in Verbindung gebracht.

3.4.13 Checkliste - Richtig vermitteln

1. Schritt: Habe ich die Kinder bewusst für eine sportliche Aufgabe **motiviert**?

- Ich **binde** alle Kinder **sozial ein**
- Ich teile den Kindern **verantwortungsvolle** kleine Aufgaben zu

- Ich habe die **Aufmerksamkeit** der Kinder gewonnen (Phänomene aufzeigen/ Widersprüche/ Provokation/ Zusammenhänge/ emotionaler Einstieg)
- Ich erzeuge **Zuversicht** und **Zufriedenheit** bei den Kindern
- Ich ermögliche **Erfolgserlebnisse** und **eigenes Kompetenzerleben**
- Ich gebe **positives Feedback** (Lob/ Lächeln/ Zuwendung/ etc.)
- Ich stelle genügend **Lernzeit** zur Verfügung
- Ich bin **humorvoll**
- Ich habe anregende Großgeräte **aufgebaut** oder Kleingeräte zur Verfügung gestellt
- Ich habe Inhalte gewählt, die das **Interesse** der Kinder wecken
- Ich habe die Kinder über die **Relevanz des Inhalts** informiert
- Ich fördere **Autonomie** und **Mitbestimmung**
- Ich habe eine **herausfordernde**, aber auch **machbare Aufgabe** gestellt
- Ich **lebe** die Freude am Sport selbst **vor**
- Ich gehe auf (Grund-)**Bedürfnisse** der Kinder angemessen ein

2. Schritt: Habe ich die Gruppendynamik im Blick?

- Ich achte darauf, dass ich Kinder, die nicht auf gleicher Höhe im Kreis sitzen, **aktiv integriere**, indem ich sie bitte, auf die gleiche Höhe aufzurücken bzw. dass andere Kinder einen Platz frei machen.

- Ich achte darauf, dass ich Kinder, die keinen Partner finden, immer wieder mit anderen Kindern **zusammenführe**.
- Ich achte auf Sitzordnungen bzw. Aufstellungen und zusammensitzende Untergruppen und sorge dafür, dass **Untergruppen** auch **für andere Kinder offen** sind.

3. Schritt: Habe ich die Unterrichtsphasen eingehalten?

- Ich führe eine **ritualisierte Begrüßung** durch.
- Ich **wiederhole** bereits gelernte Inhalte aus der Vorstunde und aktiviere dabei durch gezielte Impulse das Vorwissen der Kinder.
- Ich führe einen **emotional-positiv-assoziierten Einstieg** durch, um die Kinder für das Thema zu begeistern.
- Ich lege meine **Vorgehensweise transparent** dar (die Kinder wissen: Was, wie und warum etwas durchgeführt wird) und **nenne** klar und deutlich das **Stundenthema**.
- Ich ermögliche, dass die Kinder in der Aufwärmphase ihren **Bewegungsdrang ausleben** können.
- Ich stelle **Arbeitsaufträge** verständlich dar, indem ich Aufgaben kurz und prägnant erläutere, Übungen demonstrieren lasse (oder mit Bildern/ Videos/ etc. visualisiere) sowie Arbeitsaufträge mündlich wiederholen lasse.
- Ich **erarbeite** neue Inhalte **systematisch**, in **kleinen Schritten, mit methodischen Hilfen** als Stütze sowie **differenziert**.

- Ich **vertiefe** die neu erlernten Kompetenzen durch **Vernetzungs- und Anwendungsmöglichkeiten oder hohe Wiederholungszahlen**.
- Ich **sichere** neue Lerninhalte, indem ich **Kompetenzen präsentieren** lasse oder Bewegungsmerkmale anhand von Impulsen abfrage.
- Ich **reflektiere** den Lernfortschritt, indem ich Impulse setze, die zum Nachdenken über den eigenen Lernfortschritt anregen.

4. Schritt: Habe ich die **Aufgabenformate** angemessen **angepasst**?

- Ich baue **Partnerarbeit erst ab der Grundschule** ein oder unterstütze die Kinder entsprechend mehr dabei.
- Ich führe **Gruppenarbeit erst ab der vierten Klasse** durch.
- Ich stelle keine Transfer- oder metakognitiven Aufgaben, sondern lehre aus der **Perspektive des „Hier und jetzt“**.
- Ich stelle Bezüge zur aktuellen **Lebenswelt** der Kinder her und baue neue Inhalte nur auf deren **Vorwissen** auf.
- Ich schule gezielt die **Wahrnehmung** (Aufgaben, die optische/ akustische/ taktile/ etc. Wahrnehmung erzwingen)

5. Schritt: Habe ich bei der Durchführung auf **Gleichbehandlung**, Präsenz und Unterrichtsfluss geachtet?

- Ich achte darauf, dass ich **alle** Kinder **gleichbehandle** und meine emotionalen Affinitäten bezüglich der einzelnen Kinder stets kontrolliere
- Ich zeige **Präsenz bei Arbeitsaufträgen** (durch laute und deutliche Stimme/ feststehende Position/ aufrechte Körperhaltung/ kurze prägnante Ansagen)
- Ich achte darauf, dass **jeder mit jedem** interagiert
- Ich lasse keine **Unterbrechungen**, **Störungen** oder „**Ablenkungsmanöver**" zu

Die Anwendung dieser Checkliste muss trainiert werden. Lesen Sie sich die Schritte immer wieder zu Beginn einer Sportstunde durch und werten Sie idealerweise im Anschluss an ihre Stunde Ihre Umsetzung der Schritte aus oder kreuzen Sie die umgesetzten (oder berücksichtigten) Punkte an. Mit der Zeit reicht es aus, die Checkliste jede vierte Unterrichtsstunde zu wiederholen.

4. Unterrichtsbeispiele

4.1 Stundenbeispiele für Kinder zwischen 3 und 5 Jahren

Thema Nr. 1: BODENTURNEN 1, Minis

Begrüßungsritual:

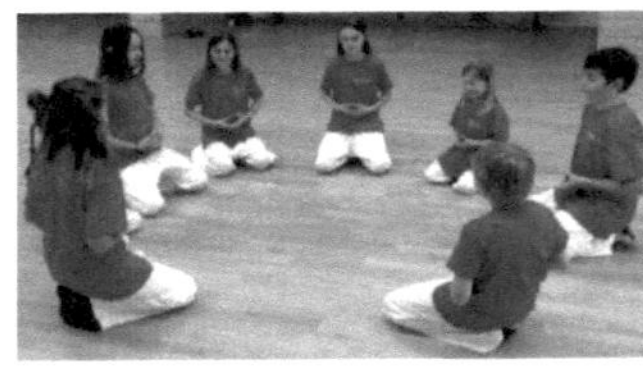

Die Kinder stellen oder setzen sich in den Teamkreis und legen ihre Hände ineinander. Die Lehrkraft gibt das Kommando: ***„Augen schließen!"***, dann ***„Augen wieder auf!"***.

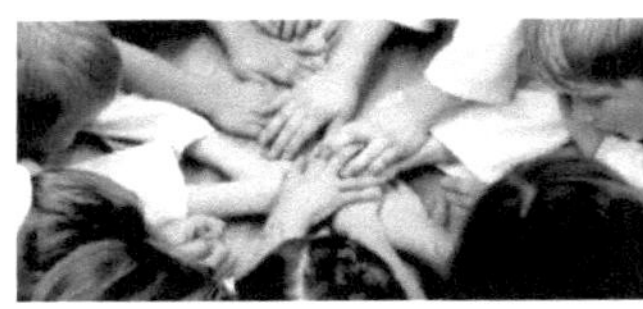

Danach strecken alle Kinder eine Hand in die Mitte des Kreises. Der Lehrer zählt: ***"3-2-1-Team!"*** (Die Kinder heben dann alle ihre Hände hoch und rufen laut *„Team!"* mit dem Lehrer mit)

Aufwärmen: Versteinern

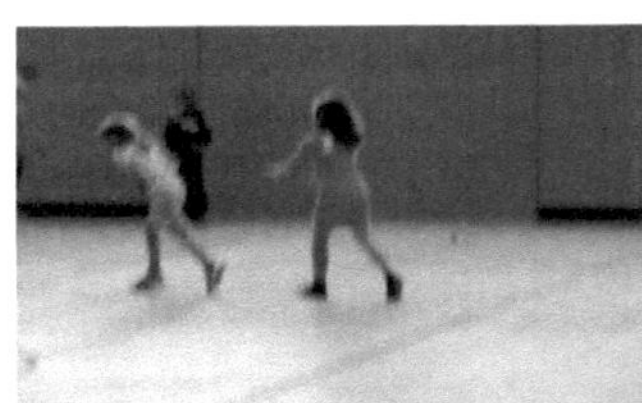

Zwei Kinder erhalten einen Zauberstab in Form eines verpackten Judogürtels und fangen damit die anderen Kinder (leicht antippen). Wer berührt wurde, ist versteinert und darf sich nicht mehr bewegen. Erst wenn ein anderes Kind es wieder befreit, kann es wieder laufen.

⚠ *Die Kinder sollen sich durch das Befreien gegenseitig helfen (-> Hilfsbereitschaft!). Während dem Befreien kann man daher nicht gefangen werden.*

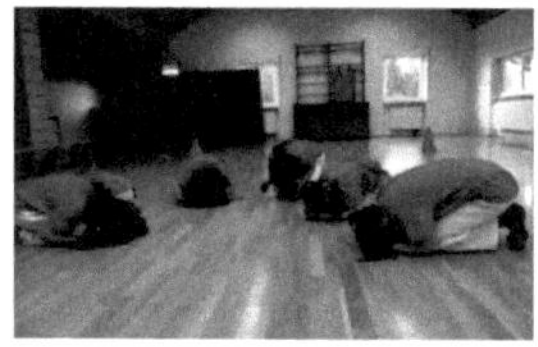

Kinder-Yoga: Der Hase

Die Kinder setzen sich in den Kreis und machen die Kinder-Yoga-Übung der Lehrkraft nach.

Die Kinder machen sich ganz klein und legen die Arme wie die Ohren des Hasen neben dem Körper ab. Die Stirn wird auf den übereinanderliegenden Händen abgelegt.

⚠ *Beim Yoga geht es um einen Wechsel zwischen Anspannung und Entspannung in Verbindung mit der Atmung. Die Übungen haben zudem meist einen muskel-dehnenden Charakter und regen die Durchblutung an.*

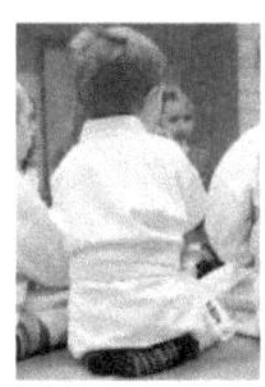

Sportschul-Regeln

Die Kinder sitzen im Kreis und hören der Lehrkraft zu. Die Lehrkraft erläutert die drei wichtigsten Regeln der Sportschule (die natürlich immer mal wieder wiederholt werden müssen):

1. Wenn ein Anderer spricht, bleibst du an deinem Platz sitzen und hörst leise zu!

2. Wenn du etwas weißt, dann meldest du dich!

3. Wenn du getrunken hast, setzt du dich wieder in den Kreis!

-> Trinkpause 1!

⚠ *Alle Kinder bleiben in der Trinkpause gemeinsam zusammen bei den Getränken. Das Herumlaufen (insbesondere mit Trinkflaschen) ist verboten. Wer fertig ist, setzt sich wieder in den Kreis (es gibt also nur die Optionen „Trinken“ oder „in den Kreis setzen“ -> kein Kind darf zwischendrin herumtoben o. ä. -> Verletzungsgefahr!)*

Hauptteil 1: Mattenrundlauf

Die Kinder laufen im Rundlauf zu den vier Matten, die sich an den jeweiligen Hallenseiten befinden. Auf jeder Matte führen sie eine der folgenden Übungen zum Erwerb allgemeiner Bewegungserfahrungen im Bodenturnen aus und **setzen sich nach jeweils zwei Runden wieder in den Kreis**:

1. **„Hasenhüpfer“** (Auf den Vorderarmen abstützen und mit den Beinen angehockt hinterher hoppeln.)

2. **„Rückenschaukel“** (Die Knie fest zur Brust anziehen und auf dem runden Rücken schaukeln.)

3. **„Wildes Pferd“** (Auf den Händen abstützen und die Beine wie ein wildes Pferd nach hinten-oben ausschlagen. ⚠ -> *Abstand halten!*)

4. **„Rolle vorwärts mit Hilfestellung“** (Bei der Rolle vorwärts bietet die Lehrkraft Hilfestellung an.)

⚠ *-> bei der Hilfestellung kniet die Lehrkraft neben dem Kind und schiebt mit einer Hand von hinten an, während die andere Hand den Nacken stützt.*

⚠ *Bewegungsausführung der Rolle vorwärts: Arme gestreckt aufsetzen und Hände zusammenführen, Beine sind in der Hocke geschlossen. Kopf einziehen (Kinn zur Brust), aus der Hasenhocke abspringen und **auf dem Hinterkopf** abrollen. Danach ohne Hilfe, jedes Kind höchstens zwei Runden, um die **Halswirbelsäule nicht zu überlasten**! Zunächst sollen die Kinder jedoch mindestens zweimal mit Hilfestellung abrollen. Manche Kinder benötigen auch danach noch die Hilfe der Lehrkraft.*

⚠ *Jede Übung sollte von einer Lehrkraft oder einem braven und sportlichen Kind auf einer Matte in der **Mitte des Sitzkreises** demonstriert werden (und möglichst alle Übungen durchgehend nur von **ein und demselben** Kind!). Dazu ist es sehr motivierend für die Kinder, wenn sie sich **„ins Kino“** setzen dürfen (mit gutem Blick auf eine Matte). Es läuft dann z. B. der erste Film „Hasenhüpfer“. Die Kinder passen dann besser auf bzw. sehen besser zu.*

Entspannung/ Info-Verarbeitung: Stille Fische

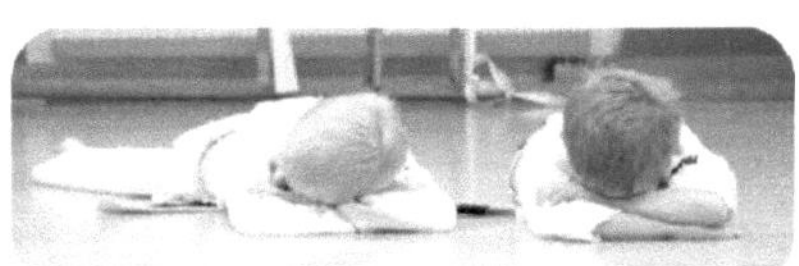

Die Kinder legen sich auf die Matten und sind Fische im Wasser. Ein Kind ist der Eisbär und sucht nach Zappelfischen. Die Kinder müssen sich also ganz still verhalten (sie dürfen atmen und mit den Augen zwinkern). Der Eisbär zählt laut bis drei und beginnt dann seine Suche. Bemerkt er einen Zappelfisch, so kann er diesen antippen („angeln“). Dieses Kind hat dann ein Leben weniger. Nach drei Fischen ist der Eisbär satt und es darf ein neues Kind Eisbär sein, welches sich besonders still gehalten hat. Wer am Ende von drei Leben noch mindestens eines hat, hat gewonnen (dies auch so am Ende verkünden, damit sich die Kinder auch freuen können)!

Diese Entspannungsphase ist für die Kinder nach der anstrengenden Lernphase sehr wichtig, um das Gelernte zu verarbeiten. Dadurch kann die Gruppe wieder leichter geführt werden und es entsteht wieder eine ***entspannte und angenehme Gruppenatmosphäre****. Das Spiel kann im gesamten Jahresprogramm immer wieder eingesetzt werden, wenn die Gruppe gereizt oder zu aufgedreht ist, auch wenn dies nicht im Programm steht.*

-> Trinkpause 2!

Hauptteil 2: Rübenziehen (Teamspiel)

Die Kinder legen sich auf den Bauch und halten sich an den Händen fest. Sie sind Rüben im Garten, die mit den anderen fest verwurzelt sind. Ein Kind ist der Bauer und darf die anderen Rüben herausziehen. Es ist verboten, an Armen, Hosen oder Schuhen zu ziehen. Es soll nur das Bein festgehalten werden. Wer herausgezogen wurde, hilft mit (oder es wird getauscht = ruhigere Variante).

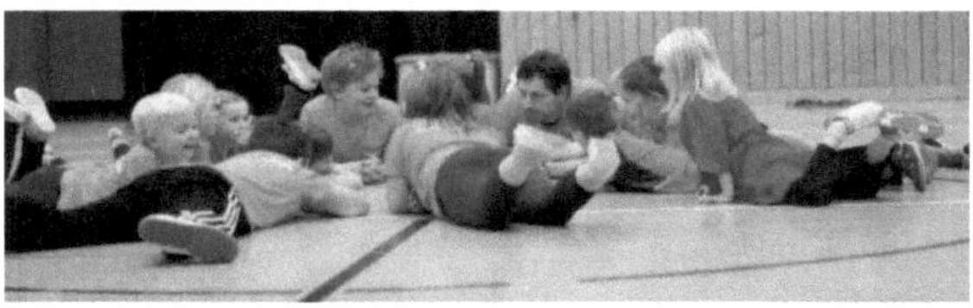

⚠ *Bei diesem Teamspiel kann man metaphorisch darauf eingehen, dass die Kinder fest zusammenhalten sollen („wie ein gutes Team") und dass man beim Herausziehen nicht gleich aufgeben soll, sondern auch mal länger dranbleiben soll („wie im richtigen Leben"). Zudem sollen sich die Kinder gegenseitig beim Herausziehen helfen. Was man alleine nicht schafft, schafft man vielleicht zusammen (= Teamgedanke/ Zusammenhelfen/ Kooperationsfähigkeit).*

-> Trinkpause 3!

Schlussteil: Zirkeltraining (4 kindgerechte Fitness-Übungen)

Die Kinder führen zu einem Power-Lied an jeder Station (z. B. an jeder Matte) gemeinsam je eine Übung durch, solange die Musik läuft (Belastungsdauer ca. 30 sec.!).

Dann wechseln sie im Uhrzeigersinn zur nächsten Station. Die Übungen werden vorab einmal mit den Schülern demonstriert und ganz kurz geübt. Anschließend beginnt das Zirkeltraining.

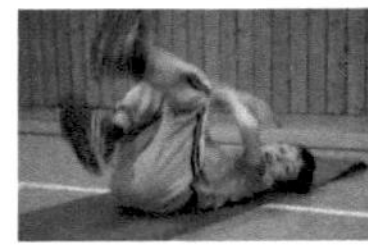

1. Übung (Bauchmuskeln): **Zappelkäfer** (auf den Rücken legen und Kopf leicht vom Boden anheben. Dann mit Armen und Beinen kräftig zappeln wie ein Käfer, der sich umdrehen möchte)

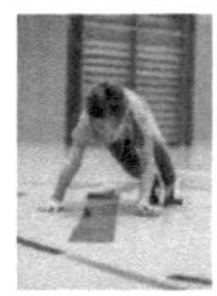

2. Übung (Brust und Arme): **Liegestützsprünge** (auf die Arme stützen und die Beine abwechselnd zur Brust anziehen oder Wedelsprünge über Linie/ Band/ Seil)

3. Übung (Rücken): **Schwimmer** (wie ein Schwimmer im Wasser mit Armen und Beinen in Bauchlage zappeln).

4. Übung (Abduktoren/ Schultern): **Hampelmann-Sprünge** (Beine im Sprung grätschen und gleichzeitig Arme über dem Kopf zusammenklatschen, dann Arme und Beine wieder zusammen an den Körper heranführen).

-> Verabschiedungsritual! (wie zu Beginn)

Thema Nr. 2: LEICHTATHLETIK (Sprint), Minis

Begrüßungsritual! (siehe letzte Woche)

Aufwärmen: Versteinern (Wiederholung)

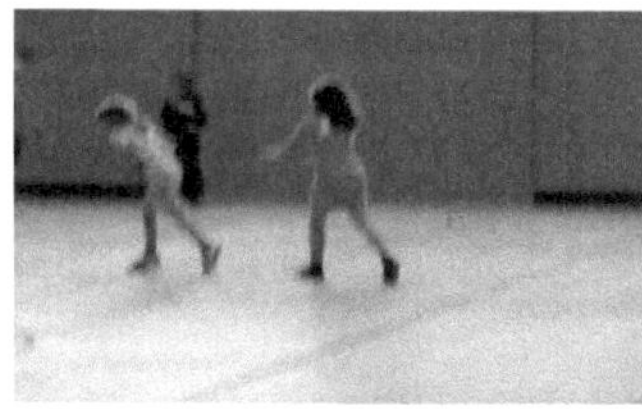

Zwei Kinder erhalten einen Zauberstab in Form eines verpackten Judogürtels und fangen damit die anderen Kinder (leicht antippen). Wer berührt wurde, ist versteinert und darf sich nicht mehr bewegen. Erst wenn ein anderes Kind es wieder befreit, kann es wieder laufen.

⚠ Durch die Wiederholung des Spiels „Versteinern“ stärkt sich das Selbstbewusstsein der Kinder und die Kinder fühlen sich sicherer, wenn ihnen das Spiel bereits bekannt ist.

Kinder-Yoga: Der Igel

Die Kinder setzen sich in den Kreis und machen die Kinder-Yoga-Übung der Lehrerkraft nach.

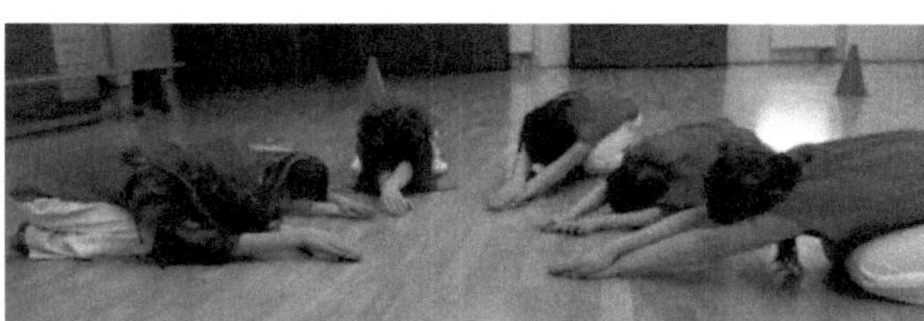

Der Igel: ganz klein machen und Arme wie Ohren des Hasen neben dem Körper ablegen, Stirn auf den übereinanderliegenden Händen ablegen (=Hase). Dann beide Arme nach vorne strecken und Hände wie eine Igelnase übereinanderlegen.

-> Trinkpause 1!

Hauptteil 1: Löwen-Tiger-Laufschule

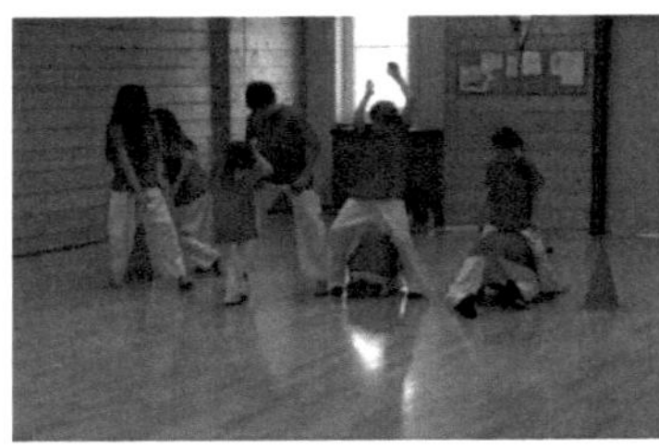

Die Kinder stellen sich in zwei Gruppen jeweils gegenüber auf einer Linie auf. Auf der einen Seite stehen die „Tiger", auf der anderen die „Löwen". Auf das Kommando „Tiger" oder „Löwen" läuft die jeweilige Gruppe los und klatscht bei dem Partner gegenüber mit beiden Händen ab. Dort angekommen führen die Kinder eine der folgenden lustigen Zusatzaufgaben aus:

1. Abklatschen, einmal drehen, wieder abklatschen und zurücklaufen
2. Im Lauf **Anfersen**, abklatschen, auf den Bauch legen, hochdrücken, wieder abklatschen und zurücklaufen, mit Anfersen
3. **Kniehebelauf** und unter den Beinen des Partners durchkrabbeln
4. **Seitgalopp** und Partner einmal umlaufen („wie die Eisenbahn")
5. **Hopserlauf** und mit Partner einmal im Kreis tanzen

6. Wettrennen aus dem Stand (in Schrittstellung ein Fuß an der Linie; Wer zuerst wieder ordentlich auf der Linie steht)

⚠ *Durch lustige „falsche Kommandos" (z. B. „und jetzt die Nashörner!") lernen die Kinder besser zuzuhören und das Spiel macht noch mehr Spaß.*

⚠ *Lernhilfen anbieten: Wenn möglich, sollte man den Bewegungsablauf des Sprintstarts vorher zeigen. Dabei gezielt auf besondere Bewegungsmerkmale der Startposition hinweisen. Auch ein Video von Usain Bolt`s Weltrekord auf dem IPad eignet sich super als Einstieg.*

Entspannung/ Info-Verarbeitung: Stille Fische

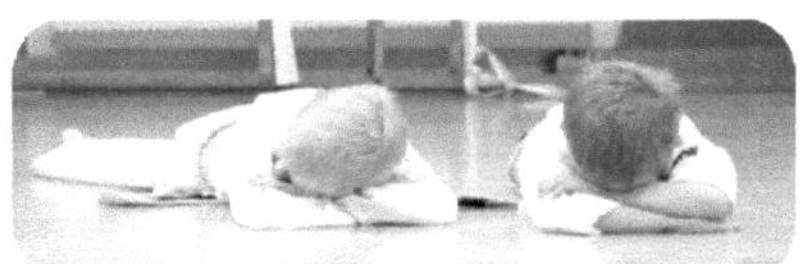

Die Kinder legen sich auf die Matten und sind Fische im Wasser. Ein Kind ist der Eisbär und sucht nach Zappelfischen. Die Kinder müssen sich also ganz still verhalten (sie dürfen atmen und mit den Augen zwinkern). Der Eisbär zählt laut bis drei und beginnt dann seine Suche. Bemerkt er einen Zappelfisch, so kann er diesen antippen (angeln). Dieses Kind hat dann ein Leben weniger. Nach drei Fischen ist der Eisbär satt und es darf ein neues Kind Eisbär sein, welches sich besonders still gehalten hat. Wer am Ende von drei Leben noch mindestens eines hat, hat gewonnen (dies auch so am Ende verkünden, damit sich die Kinder auch freuen können)!

-> Trinkpause 2!

Hauptteil 2: Tiefstart mit Sprint (Methodische Reihe)

Im Folgenden werden die Schritte zum Erlernen des Sprintstarts erläutert. Diese sollten möglichst auf einer Leichtathletikbahn durchgeführt werden:

1. Die Kinder starten in Schrittstellung nebeneinander aus dem Stand an einer Linie (vordere Zehenspitze ist genau hinter der Startlinie). Die Laufstrecke beträgt ca. 10 m. Die Lehrkraft erklärt das Startkommando („Auf die Plätze - fertig - los! Mit jeweils 2 sec. Pause dazwischen“). Dann laufen die Kinder um die Wette bis zu einer Linie und wieder zurück.

2. Gleiche Ausgangsposition mit Schrittstellung (wie zu Beginn) einnehmen. Dann das hintere Knie neben der Ferse des Vorderbeins absetzen (die Hände werden parallel zur Startlinie mit den Fingerspitzen aufgesetzt).

3. Gleiche Ausgangsposition wie zu Beginn, dann wieder ein Knie auf den Boden setzen. Auf das Kommando „Fertig“ wird das Gesäß angehoben (= „Raketenstartposition!“). Die Sprintstrecke wird auf 20 m verlängert (Beschleunigungsphase).

4. Die Kinder setzen sich in zwei Gruppen gegenüber auf den Boden und gehen in verschiedene Startpositionen. Jeweils ein oder zwei Kinder werden mit Namen aufgerufen und laufen langsam zu einem Kind gegenüber. Dann tippt es auf der anderen Seite jemanden an und läuft schnellstmöglich zurück, während das angetippte Kind versucht, es zu fangen. Danach geht das fangende Kind wieder zurück

auf die Linie. Wer seinen Vordermann fängt, erhält einen Punkt.

-> **Trinkpause 3!**

Schluss: Der Wolf kommt

Ein Kind ist der Wolf und versteckt sich **seitlich** an der Hallenwand hinter einer Matte (= „Wolfshöhle"). Die anderen Kinder schleichen zunächst auf Zehenspitzen von einer Hallenseite aus los. Wenn der Wolf ruft „der Wolf kommt!", dürfen die Kinder zur anderen Hallenseite laufen und der Wolf versucht ein Kind zu fangen, welches dann der neue Wolf ist.

Kräftigungs-Aufgaben vorgeben, wie die Kinder sich vor dem Kommando bewegen sollen:

- Auf den Zehenspitzen leise schleichen
- Knie anheben im Gehen
- Riesengroße, tiefe Ausfallschritte machen
- Im Affengang gehen (Hände am Boden, Knie in der Luft)
- Im Krabbengang gehen
- Kräftige Strecksprünge nach oben

⚠ Durch den quer hineinlaufenden Wolf müssen die Kinder seitlich ausweichen. Dies kann zum Kreuzen von Laufwegen anderer Kinder führen. Die Lehrkraft sollte vorher darauf hinweisen, damit die Kinder darauf Rücksicht nehmen können und für genügend Platz zum Ausweichen sorgen.

-> **Verabschiedungsritual!**

Thema Nr. 3: HOCKEY (FLOORBALL), Minis

Begrüßungsritual!

Aufwärmen: Feuer, Wasser, Sturm

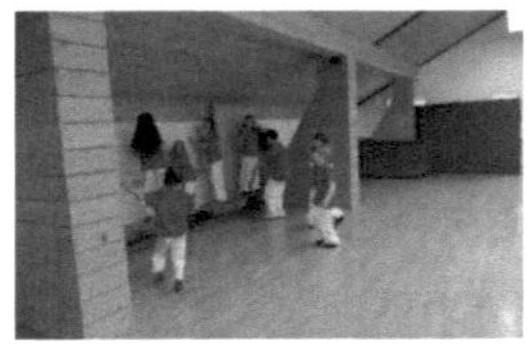

Die Kinder bewegen sich frei umher. Auf das Kommando „Feuer" müssen sie in die Hallenecken laufen, auf das Kommando „Wasser" auf einen Gegenstand klettern und sich bei „Sturm" auf den Bauch legen.

⚠ Mit Musik frei bewegen. Bei Musikstopp erfolgt das Kommando. Wer am längsten braucht, geht zum CD-Player bzw. zur Lehrkraft und gibt das nächste Kommando.

Kinder-Yoga: Der Schmetterling

Die Kinder setzen sich in den Kreis und machen die Kinder-Yoga-Übung der Lehrkraft nach.

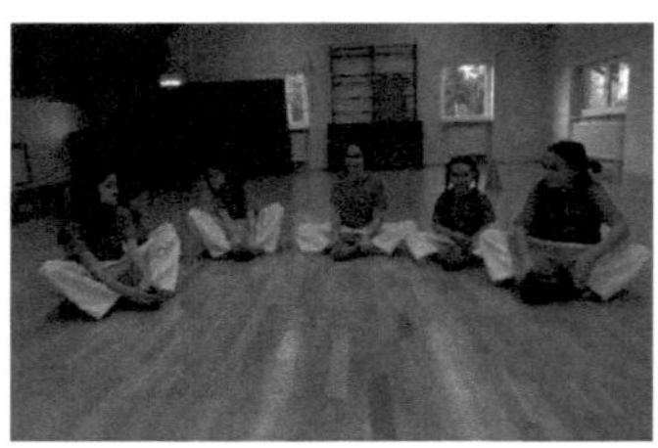

Der Schmetterling: Beide Fußsohlen im Sitzen aneinander „kleben" und mit den Beinen federn („Schmetterling fliegt los!"). Dann Augen schließen und hin- und herschaukeln auf dem Gesäß („Schmetterling wiegt sich in der Hängematte!"). Danach weiterflattern und dann mit dem Mund zu den Zehenspitzen nach vorne beugen („Schmetterling kommt zu einer Blume und küsst diese bzw. saugt den Nektar heraus!“).

Was ist ein gutes Team?

Die Kinder sitzen im Kreis und hören der Lehrkraft zu. Die Lehrkraft frägt die Kinder, was ein gutes Team eigentlich ausmacht und was "Team" bedeutet. Die Kinder dürfen antworten. Die Lehrkraft lenkt die Antworten in folgende Richtungen bzw. fasst die folgenden Punkte am Ende noch einmal zusammen:
Ein gutes Team ...
- … **hilft** sich gegenseitig (-> Hilfsbereitschaft!).
- … lacht niemanden aus (-> Respekt!).
- … zeichnet sich auch dadurch aus, dass immer **alle Kinder gut mitmachen** und jeder mit jedem zusammenarbeitet (Teamfähigkeit).

-> Trinkpause 1!

Hauptteil 1: Schuh-Hockey

Die Kinder ziehen ihre Schuhe aus und verwenden diese als Hockeyschläger (alternativ zusammengebundenen Judogürtel als Schläger verwenden). Mehrere weiche Tennisbälle dienen als Spielbälle und müssen mit dem Schuh immer wieder an die andere Hallenseite geschossen werden. Man darf den Ball nur mit dem Schuh (also nicht mit Händen oder Füßen) berühren.

⚠ Warnhinweis: „Seid vorsichtig, dass ihr anderen Kindern nicht mit dem Schuh auf die Finger schlagt!“

⚠ Das Spiel Schuh-Hockey eignet sich hervorragend, um die Beteiligung aller Kinder am Mannschaftssport zu erreichen, da es eine sehr lustige und motivierende Aufgabe für die Kinder darstellt. Daher wird es bewusst als Hinführung zu den Mannschaftssportarten eingesetzt. Oft nehmen sich einzelne Kinder nämlich bei Mannschaftssportarten aus dem Spiel heraus und beteiligen sich aufgrund ihrer geringeren Fähigkeiten oder Interessen wenig am Spiel. Machen die Kinder aber von Beginn an positive Erfahrungen mit dem Mannschaftssport (z. B. im Schuh-Hockey), wirkt sich das auf deren Motivation, Beteiligung, Laufbereitschaft und Selbstbewusstsein positiv aus, und erleichtert ihnen den Einstieg, wenn sie später in Mannschafts-Sportspielen (Handball, Fußball, Basketball, Football etc.) mitspielen.

Entspannung/ Teambuilding: Schuh-Salat

Die Kinder legen ihre Schuhe alle in die Mitte des Kreises und vermischen diese wie einen Salat. Ein Kind darf jeweils einen Schuh mit geschlossenen Augen herausziehen und muss dann den Schuh einem Kind zuordnen. Die anderen Kinder dürfen diesem Kind auch helfen, wenn sie den Schuh erkennen. Jedes Kind darf einmal ziehen.

-> Trinkpause 2!

Hauptteil 2: Rübenziehen

Die Kinder legen sich im Kreis auf den Bauch und halten sich an den Händen der Nachbarn fest. Ein Kind ist der Bauer und zieht die anderen Kinder an den Beinen heraus. Wer herausgezogen wurde, darf dem Bauern helfen.

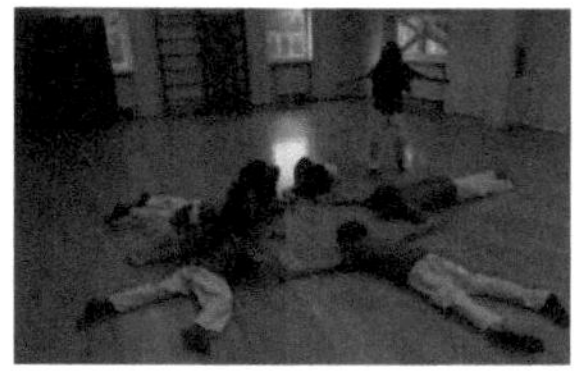

⚠ *Darauf achten, dass sich die Kinder nicht an den Unterarmen festhalten, da dies sehr schmerzhaft sein kann (sondern nur an den Händen). Weitere Regeln: Nicht an der Hose ziehen und nicht an den Schuhen ziehen, sondern unten am Bein festhalten. Werden zwei Rüben auf einmal herausgezogen, so helfen beide mit.*

-> Trinkpause 3!

Schluss: Hindernisparcours-Stationen

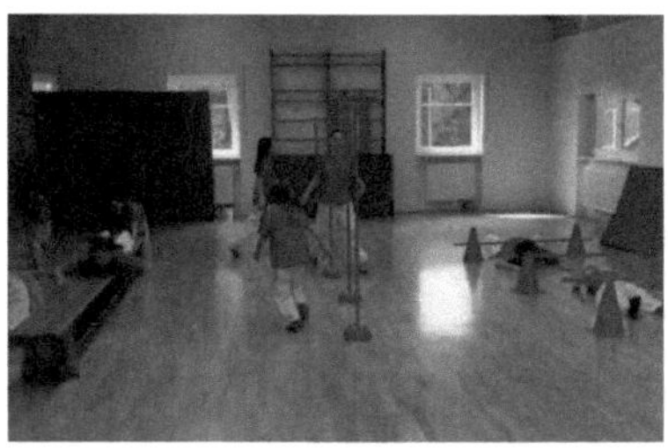

Die Kinder werden in 4 Gruppen den verschiedenen Parcours-Stationen zugeteilt. Alle Stationen werden einmal demonstriert. Das demonstrierende Kind erhält immer einen kleinen Applaus. Sobald die Power-Musik läuft, dürfen die Kinder alle loslaufen (keine Staffel, sondern etwas Abstand halten und dem Vordermann nachlaufen). Nach 30-45 sec.(!) die Musik anhalten und die Kinder zur nächsten Station schicken.

1. Station: obendrüber - untendurch - obendrüber - untendurch
2. Station: Slalom laufen durch Stangen
3. Station: auf dem Bauch über eine Bank ziehen

4. Station: Affengang (Vierfüßergang) bis zu erstem Hütchen - Baumstammrolle (seitlich rollen) auf einer Matte - Krabbengang (Vierfüßergang in Brückenstellung) - normal zurücklaufen

⚠ Die Musik wirkt anregend und steigert die Motivation der Kinder zu laufen! Deshalb sollte die Musik unbedingt mit eingebaut werden.

-> Verabschiedungsritual!

Thema Nr. 7: FUSSBALL, Minis

Begrüßungsritual!

Aufwärmen: Katz und Maus

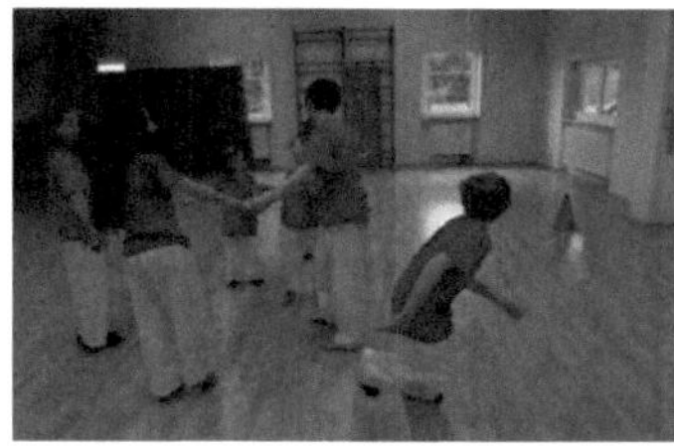

Die Kinder halten sich im Kreis an den Händen fest. Ein Kind ist in der Mitte die Maus. Ein Kind außerhalb des Kreises ist die Katze. Es werden kleine Bälle als „Käsestückchen“ in der Halle verteilt. Die Maus muss nun aus dem Mauseloch heraus und die Käsestückchen ins Mauseloch bringen, ohne von der Katze gefangen zu werden. Wird die Maus gefangen, endet das Spiel und zwei neue Kinder werden eingeteilt. Die Kinder im Kreis können immer die Arme heben, damit die Maus aus dem Mauseloch herauslaufen kann.

Am besten, man geht der Reihe nach durch und die vorherige Maus ist im Anschluss immer die nächste Katze. Dann kommt jeder einmal dran.

Kinder-Yoga: Der Hund

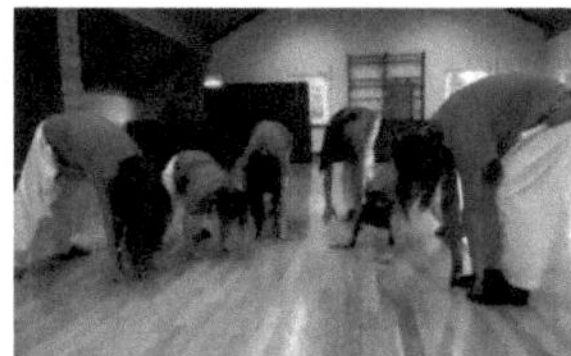

Die Kinder setzen sich in den Kreis und machen die Kinder-Yoga-Übung der Lehrerkraft nach.

Der Hund:

Die Kinder stützen sich auf die Hände. Die Beine bleiben jedoch möglichst gestreckt. Nun wandern die Beine langsam näher zu den Händen heran und dann wieder bis fast in den Liegestütz zurück.

-> Trinkpause 1!

Hauptteil 1: Alle Bälle in Bewegung

Die Kinder treten jetzt als Team gegen die Lehrkraft an. Schaffen es die Kinder, dass weniger als 5 Bälle ruhen, so haben die Kinder gewonnen. Sieht die Lehrkraft mehr als 5 Bälle, die nicht mit dem Fuß in Bewegung gehalten werden, hat Sie gewonnen. Alle Bälle müssen also immer mit dem Fuß in Bewegung gehalten werden. Jede Runde läuft 1-2 Minuten.

Entspannung: Ballmassage

Die Kinder suchen sich einen Partner und massieren diesen mit einem der Softfußbälle. Danach wird gewechselt.

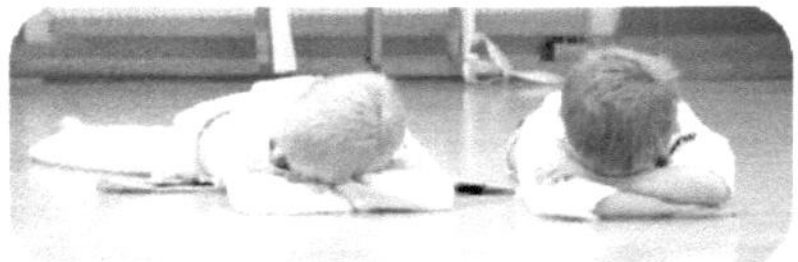

-> Trinkpause 2!

Hauptteil 2: Dribbel-Garten

Es werden zwei bis vier Bänke so in eine Hallenecke gestellt, dass dadurch ein kleines abgetrenntes Feld entsteht, aus welchem die Bälle nicht so leicht wegrollen können. Die Kinder legen ihre Bälle in diesen Dribbel-Garten. Die Lehrkraft erklärt, dass der Ball nun eine Hundewelpe namens „Fiffy“ ist, den wir antrainieren und vorsichtig mit Gefühl behandeln müssen. Die folgenden Aufgaben werden durchgeführt:

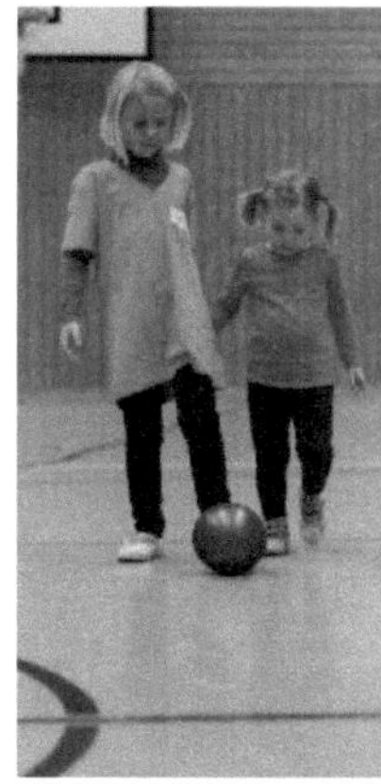

- Ball zwischen den Füßen tippen, bei Pfiff eine Fußsohle auf den Ball (und kleine Bewegungen auf dem Ball)
- Ball zwischen den Füßen tippen und seitlich mit der Sohle rollen, bei Pfiff auf den Ball setzen
- Passen mit der Innenseite gegen die Bänke und dann wieder Ball zwischen den Beinen hin und her tippeln
- vier Hütchentore mit einbauen, in welche die Kinder den Ball mit der Innenseite hineinschieben

⚠ *Diese ersten Übungen sind für die Kinder sehr anstrengend und erfordern ein hohes Maß an feinmotorischer Steuerung der Beine. Die Übungen sollten nur als kurze Anregungen eingebracht werden, ansonsten bewegen sich die Kinder selbstständig mit den Bällen in dem abgegrenzten Feld umher. Durch das ständige Hinunterschauen auf den Ball spüren die Kinder oft bei längerem Dribbeln ihre schlechte Körperhaltung und möchten dann etwas anderes spielen.*

-> Trinkpause 3!

Schlussteil: Haltet das Feld frei

Die Kinder werden in zwei Gruppen eingeteilt, die sich jeweils in einer Hallenhälfte befinden. Dann müssen die Kinder alle Bälle aus ihrer Hälfte herausschießen. Welches Team hat am Ende weniger Bälle im Feld (die Lehrkraft pfeift nach jeweils 2 min. das Spiel ab und zählt die Bälle)?

⚠ *Es empfiehlt sich 2 Kinder aus der Mannschaft in die andere Mannschaft zu wechseln, damit die Mannschaften nicht zu ehrgeizig gegeneinander spielen, sondern das Spielergebnis durch die Spielerwechsel relativiert wird. Dies fördert zudem das Gruppenklima und lässt die Kinder erkennen, dass sie trotz dem gegeneinander eigentlich miteinander spielen. Mannschaftssportarten können schnell die Gruppenatmosphäre verschlechtern, da ständig gegeneinander und sehr stark ergebnisbezogen gespielt wird.*

-> Verabschiedungsritual!

4.2 Stundenbeispiele für Kinder zwischen 6 und 8 Jahren

Thema Nr. 1: TURNEN (Rolle vorwärts), Kids

Begrüßungsritual:

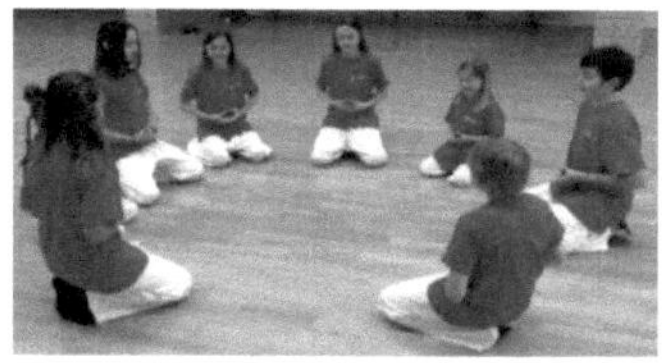

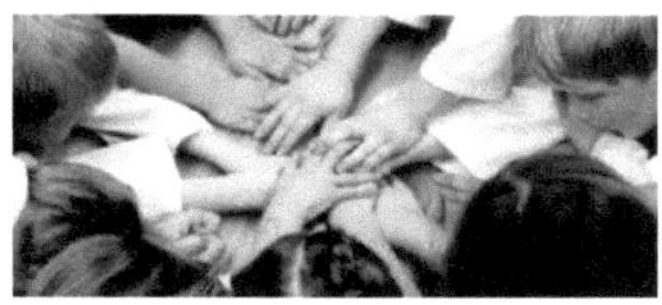

Die Kinder setzen sich in den Teamkreis auf die Fersen und legen ihre Hände ineinander. Die Lehrkraft gibt das Kommando:
„Augen schließen!", dann
„Augen wieder auf!".
Danach legen alle Kinder eine Hand in die Mitte des Kreises (oder bei vielen Kindern auch auf den Rücken des Vordermannes). Die Lehrkraft zählt: ***"3-2-1-Team!"*** (Die Kinder heben dann alle ihre Hände hoch und rufen laut *„Team!"* mit dem Lehrer mit)

Aufwärmen: Versteinern

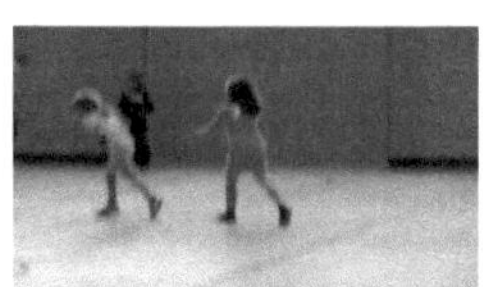

Zwei Kinder erhalten einen Zauberstab in Form eines verpackten Judogürtels und fangen damit die anderen Kinder (leicht antippen). Wer berührt wurde, ist versteinert und darf sich nicht mehr bewegen. Erst wenn ein anderes Kind es wieder befreit, kann es wieder laufen.

⚠ *Die Kinder sollen sich durch das Befreien gegenseitig helfen (-> Hilfsbereitschaft!). Während dem Befreien kann man daher nicht gefangen werden.*

Kinder-Yoga: Der Hase

Die Kinder setzen sich in den Kreis und machen die Kinder-Yoga-Übung dem Lehrer nach. Diese wird dreimal wiederholt, dazwischen jeweils kurze Atmungspause.

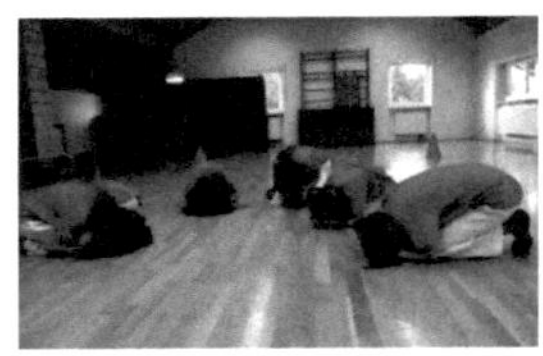

a) Der Hase: ganz klein machen und Arme wie Ohren des Hasen neben dem Körper ablegen, Stirn auf den übereinanderliegenden Händen ablegen.

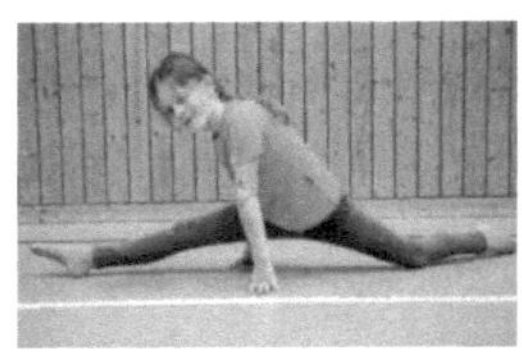

b) Spagate (Längs- und Querspagat; es sollte nicht wehtun, sondern nur leicht ziehen)

⚠ *Beim Yoga geht es um einen Wechsel zwischen Anspannung und Entspannung. Die Übungen haben zudem meist einen muskel-dehnenden Charakter und regen die Durchblutung an.*

Sportschul-Regeln

Die Kinder sitzen im Kreis und hören dem Lehrer zu. Die Lehrkraft erläutert die drei wichtigsten Regeln der Sportschule (die natürlich immer mal wieder wiederholt werden müssen):

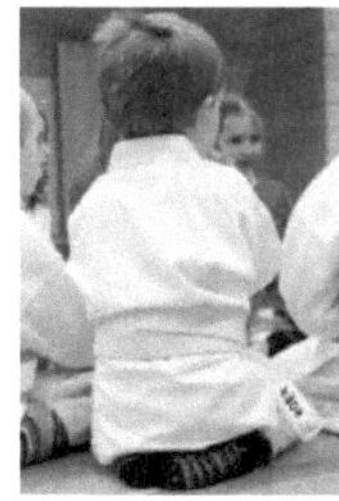

1. Wenn ein Anderer spricht, bleibst du an deinem Platz sitzen (!) und hörst gut zu!

2. Wenn du etwas sagen möchtest, dann meldest du dich und wartest, bis du aufgerufen wirst!

3. Wenn du getrunken hast, setzt du dich wieder ordentlich (!) in den Kreis!

-> Trinkpause 1!

⚠ *Alle Kinder bleiben in der Trinkpause gemeinsam zusammen bei den Getränken. Das Herumlaufen mit Trinkflaschen ist verboten. Wer fertig ist, setzt sich wieder in den Kreis (es gibt also nur die Optionen „Trinken" oder „in den Kreis setzen" -> kein Kind darf zwischendrin herumlaufen o. ä. -> Verletzungsgefahr!)*

Hauptteil 1: Mattenrundlauf

Einstieg: Die Lehrkraft demonstriert eine Rolle vorwärts (auf dem Hinterkopf abrollen!).

Erarbeitung: Die Kinder laufen im Rundlauf zu den vier Matten, die sich an den jeweiligen Hallenseiten befinden.

Auf jeder Matte führen sie eine der folgenden Übungen zum Erwerb allgemeiner Bewegungserfahrungen im Bodenturnen aus und **setzen sich nach jeweils zwei Runden wieder in den Kreis**:

1. **„Hasenhüpfer"** (Auf den Vorderarmen abstützen und mit den Beinen angehockt hinterher hoppeln.)

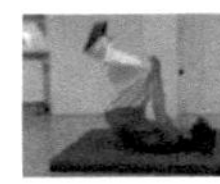

2. **„Rückenschaukel"** (Die Knie fest zur Brust anziehen und auf dem runden Rücken schaukeln.)

3. **„Wildes Pferd"** (Auf den Händen abstützen und die Beine wie ein wildes Pferd nach hinten-oben ausschlagen. ⚠ *-> Abstand halten!*)

4. „**Rolle vorwärts mit Hilfestellung"** (Bei der Rolle vorwärts bietet die Lehrkraft Hilfestellung an.)

⚠ *-> bei der Hilfestellung kniet die Lehrkraft neben dem Kind und schiebt mit einer Hand von hinten an, während die andere Hand den Nacken stützt.*

⚠ *Bewegungsausführung der Rolle vorwärts: Arme gestreckt aufsetzen und Hände zusammenführen, Beine sind in der Hocke geschlossen. Kopf einziehen (Kinn zur Brust), aus der Hasenhocke abspringen und* ***auf dem Hinterkopf*** *abrollen. Danach ohne Hilfe, jedes Kind höchstens zwei Runden, um die* ***Halswirbelsäule nicht zu überlasten****! Zunächst sollen die Kinder jedoch mindestens zweimal mit Hilfestellung abrollen. Manche Kinder benötigen auch danach noch die Hilfe der Lehrkraft.*

⚠ *Jede Übung sollte von einer Lehrkraft oder einem braven und sportlichen Kind auf einer Matte in der* ***Mitte des Sitzkreises*** *demonstriert werden (und möglichst alle Übungen durchgehend nur von* ***ein und demselben*** *Kind!). Dazu ist es sehr motivierend für die Kinder, wenn sie sich* ***„ins Kino“*** *setzen dürfen (mit gutem Blick auf eine Matte). Es läuft dann z. B. der erste Film „Hasenhüpfer“. Die Kinder passen dann besser auf bzw. sehen besser zu.*

Entspannung/ Info-Verarbeitung: Stille Fische

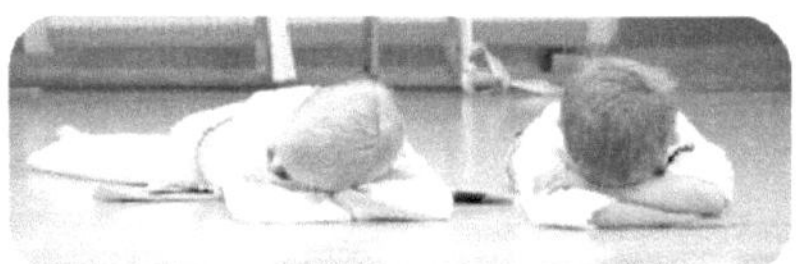

Die Kinder legen sich auf die Matten und sind Fische im Wasser. Ein Kind ist der Eisbär und sucht nach Zappelfischen. Die Kinder müssen sich also ganz still verhalten (sie dürfen atmen und mit den Augen zwinkern). Der Eisbär zählt laut bis drei und beginnt dann seine Suche. Bemerkt er einen Zappelfisch, so kann er diesen antippen („angeln“). Dieses Kind hat dann ein Leben weniger. Nach drei Fischen ist der Eisbär satt und es darf ein neues Kind Eisbär sein, welches sich besonders still gehalten hat. Wer am Ende von drei Leben noch mindestens eines hat, hat gewonnen (dies auch so am Ende verkünden, damit sich die Kinder auch freuen können)!

⚠ *Diese Entspannungsphase ist für die Kinder nach der anstrengenden Lernphase sehr wichtig, um das Gelernte zu verarbeiten. Dadurch kann die Gruppe wieder leichter geführt werden und es entsteht wieder eine* ***entspannte und angenehme Gruppenatmosphäre****. Das Spiel kann im ge-*

samten Jahresprogramm immer wieder eingesetzt werden, wenn die Gruppe gereizt oder zu aufgedreht ist, auch wenn dies nicht im Programm steht.

-> Trinkpause 2!

Hauptteil 2: Sprungrolle

Die Kinder laufen in zwei Gruppen auf normalen Matten nacheinander auf eine Weichbodenmatte zu und führen dort eine Sprungrolle aus:

1. Nach und nach wird der Abstand zwischen Matte und Weichbodenmatte vergrößert.
2. Ein mutiges Kind kann sich in die Lücke zwischen den Matten legen und die anderen Kinder springen in einer Sprungrolle darüber (zuerst auf der Weichbodenmatte)
3. Dann statt einer Weichbodenmatte eine Sprungrolle auf eine normale Matte ausführen.

⚠ *Ausreichend Abstand zum Vordermann halten.*

-> Trinkpause 3!

Schlussteil: Zirkeltraining (4 kindgerechte Fitness-Übungen)

Die Kinder führen zu einem Power-Lied an jeder Station (z. B. an jeder Matte) gemeinsam je eine Übung durch, solange die Musik läuft (Belastungsdauer ca. 30 sec.!). Dann wechseln sie im Uhrzeigersinn zur nächsten Station. Die Übungen werden vorab einmal mit den Schülern demonstriert und ganz kurz geübt. Anschließend beginnt das Zirkeltraining.

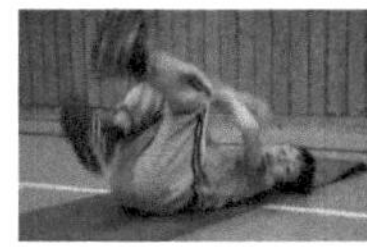

1. Übung (Bauchmuskeln): **Zappelkäfer** (auf den Rücken legen und Kopf leicht vom Boden anheben. Dann mit Armen und Beinen kräftig zappeln wie ein Käfer, der sich umdrehen möchte)

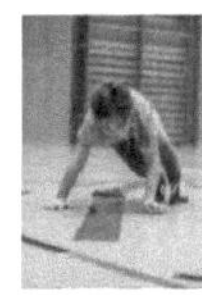

2. Übung (Brust und Arme): **Liegestützsprünge** (auf die Arme stützen und die Beine abwechselnd zur Brust anziehen oder Wedelsprünge über Linie/ Band/ Seil)

3. Übung (Rücken): **Schwimmer** (wie ein Schwimmer im Wasser mit Armen und Beinen in Bauchlage zappeln).

4. Übung (Abduktoren/ Schultern): **Hampelmann-Sprünge** (Beine im Sprung grätschen und gleichzeitig Arme über dem Kopf zusammenklatschen, dann Arme und Beine wieder zusammen an den Körper heranführen).

-> Verabschiedungsritual! (wie zu Beginn)

Thema Nr. 2: TURNEN (HANDSTAND), Kids

Begrüßungsritual!

Aufwärmen: Die Löwen sind los

Ein Kind wird als Löwe bestimmt und stellt sich in den Löwenkäfig (hinter eine Linie). Die anderen Kinder besichtigen den Löwen im Zoo und können sagen, was der Löwe gerade tut (z. B. der Löwe putzt sich die Zähne/ kämmt sich/ liest ein Buch/ macht einen Spaziergang/ spielt ein Brettspiel/ geht Essen mit Freunden/ bastelt etwas/ usw.). Irgendwann sagt der Lehrer „der Löwe ist los!“. Dann laufen alle Kinder zur anderen Hallenseite. Wer gefangen wurde ist ebenfalls ein Löwe. Es sind verschiedene Startpositionen der Zoobesucher zu empfehlen (Hinsetzen/ Hinstellen/ Hinlegen/ Schneidersitz/ etc.).

⚠ Die Kinder sollen bei dem Spiel auch lernen, welche Möglichkeiten der Freizeitbeschäftigung sie haben. Dabei sollte man Tätigkeiten wie PC-Spiele oder Fernsehen nicht gelten lassen, weil sie die Gesundheit nur wenig fördern.

Kinder-Yoga: Der Bär

Die Kinder setzen sich in den Kreis und machen die Kinder-Yoga-Übung der Lehrkraft nach.

Der Bär:

Die Kinder liegen auf dem Rücken und schütteln ihre nach oben gestreckten Beine und Arme aus. Dann wieder ablegen und kurz in Rückenlage nachspüren. Fortgeschrittene können auch eine Rotationsbewegung mit einem angewinkelten Bein in Rückenlage durchführen (ein- oder auswärtsrotieren im Hüftgelenk).

Spagate: Die Kinder bilden einen Stern, indem sie die Fußsohlen des Nachbarn im Sitzkreis berühren. Daraus soll nun wieder annäherungsweise ein Kreis gemacht werden, d. h. die Beine müssen möglichst weit gegrätscht werden. Danach kann jedes Kind noch einen eigenen Spagat versuchen.

-> Trinkpause 1!

Hauptteil 1: Handstand - Vorerfahrungen

Einstieg: Die Kinder sehen sich eine Zeichnung zu einem Handstand an.

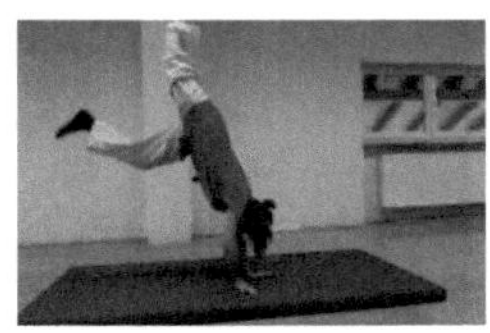

Erarbeitung: Es werden 4 Stationen im Kreis aufgebaut, welche die Kinder mehrmals durchlaufen. Die Lehrkraft demonstriert den Kindern zuerst jede Station. Dazu setzten sich die Kinder in die Mitte des Kreises und drehen sich immer wieder zur nächsten Station um:

1. Station: Anschwingen in den Handstand aus der Schrittstellung auf der Matte (Schrittstellung mit Kreide auf der Matte aufmalen. Wie ein wildes Pferd mit den Beinen nach hinten-oben ausschlagen)

2. Station: Hände nah an der Wand auf der Weichbodenmatte aufsetzen. Mit den Füßen die Wand hochlaufen und dann abstoßen und möglichst in gestreckter Handstandposition auf die Weichbodenmatte (auf den Rücken) umfallen lassen.

3. Station: Auf einem Kasten längs entlang ziehen und dann die Hände am Ende auf einer Matte aufsetzen. Kurz im Handstand stehen (Lehrkraft hält kurz die Beine fest), dann abrollen.

⚠ Sinkt die Motivation der Kinder oder machen die Kinder nicht mehr ordentlich mit, sind sie möglicherweise kräftemäßig oder nervlich überlastet. Dann empfiehlt es sich, den Rundlauf abzubrechen und das nächste Spiel zu beginnen. Die Bedürfnisse der Kinder sollten stets wahrgenommen werden, da sie in der Regel ein gutes Zusatz-Instrument für die gesunde Belastungssteuerung darstellen.

Entspannung: Schlafmütze

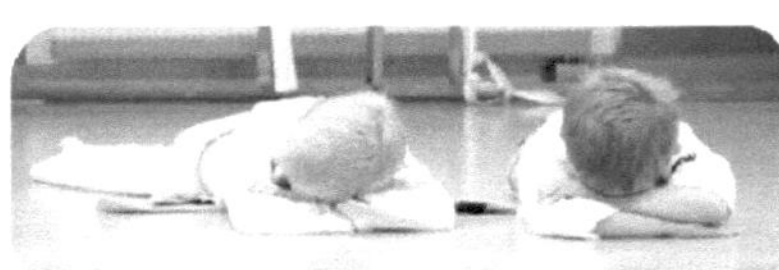

Die Kinder legen sich in der Halle auf den Boden und schließen die Augen. Ein Kind ist der "Aufwecker" und flüstert den Kindern einen Namen ins Ohr. Sobald die Kinder aufgeweckt sind, helfen sie dem Aufwecker. Das Kind, dessen Namen geflüstert wurde, wird erst zuletzt aufgeweckt. Dann stehen alle Kinder um dieses letzte Kind herum und rufen auf 1-2-3 laut „Schlafmütze!“. Nun muss das „Schlafmützen-Kind“ die anderen Kinder fangen. Mehrere Runden spielen.

-> Trinkpause 2!

Hauptteil 2: Rübenziehen (Teamspiel)

Die Kinder legen sich auf den Bauch und halten sich an den Händen fest. Sie sind Rüben im Garten, die mit den anderen fest verwurzelt sind. Ein Kind ist der Bauer und darf die anderen Rüben herausziehen. Es ist verboten, an Armen, Hosen oder Schuhen zu ziehen. Es soll nur das Bein festgehalten werden. Wer herausgezogen wurde, hilft mit (oder es wird getauscht = ruhigere Variante).

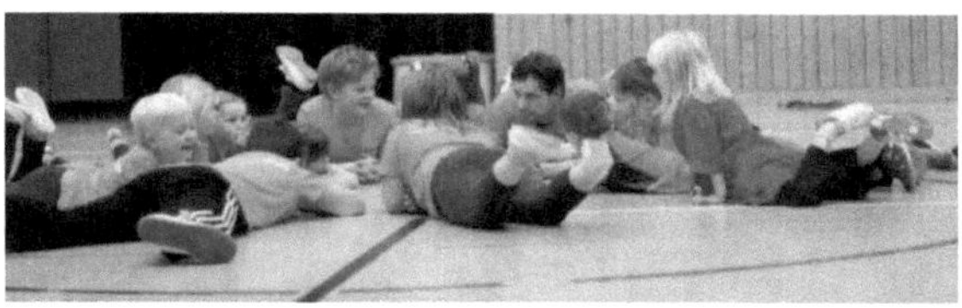

⚠ *Bei diesem Teamspiel kann man metaphorisch darauf eingehen, dass die Kinder fest zusammenhalten sollen („wie ein gutes Team") und dass man beim Herausziehen nicht gleich aufgeben soll, sondern auch mal länger dranbleiben soll („wie im richtigen Leben"). Zudem sollen sich die Kinder gegenseitig beim Herausziehen helfen. Was man alleine nicht schafft, schafft man vielleicht zusammen (= Teamgedanke/ Zusammenhelfen/ Kooperationsfähigkeit).*

-> Trinkpause 3!

Schlussteil: Zirkeltraining (4 kindgerechte Fitness-Übungen)

Die Kinder führen zu einem Power-Lied an jeder Station (z. B. an jeder Matte) gemeinsam je eine Übung durch, solange die Musik läuft (Belastungsdauer ca. 30 sec.!). Dann wechseln sie im Uhrzeigersinn zur nächsten Station. Die Übungen werden vorab einmal mit den Schülern demonstriert und ganz kurz geübt. Anschließend beginnt das Zirkeltraining.

1. Übung (Bauchmuskeln): **Zappelkäfer** (auf den Rücken legen und Kopf leicht vom Boden anheben. Dann mit Armen und Beinen kräftig zappeln wie ein Käfer, der sich umdrehen möchte)

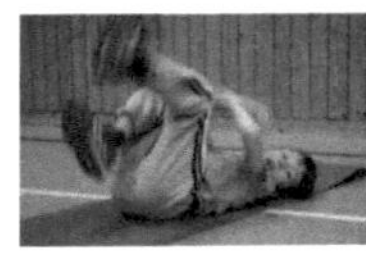

2. Übung (Brust und Arme): **Liegestützsprünge** (auf die Arme stützen und die Beine abwechselnd zur Brust anziehen oder Wedelsprünge über Linie/ Band/ Seil)

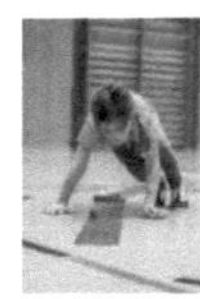

3. Übung (Bauch/ Hüftbeuger): **Beinschwingen mit Klatschen** (Knie anziehen und unter dem Bein Hände zusammenklatschen, dann gleiches mit dem anderen Bein)

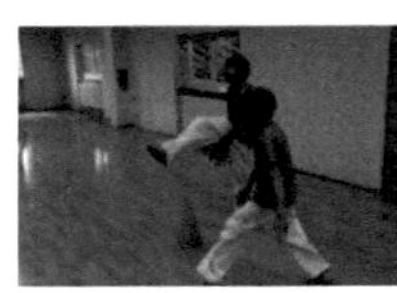

4. Übung (Abduktoren/ Schultern): **Hampelmann-Sprünge** (Beine im Sprung grätschen und gleichzeitig Arme über dem Kopf zusammenklatschen, dann Arme und Beine wieder zusammen an den Körper heranführen).

-> Verabschiedungsritual!

Thema Nr. 3: LEICHTATHLETIK (Sprint), Kids

Begrüßungsritual! (siehe letzte Woche)

Aufwärmen: Der Wolf kommt

Ein Kind ist der Wolf und versteckt sich seitlich an der Hallenwand hinter einer Matte (= Wolfshöhle). Die anderen Kinder schleichen zunächst auf Zehenspitzen von einer Hallenseite los. Wenn der Wolf ruft „der Wolf kommt!“, dürfen die Kinder zur anderen Hallenseite laufen und der Wolf versucht ein Kind zu fangen, welches dann der neue Wolf ist.
Sprintstart-Aufgaben vorgeben (wie sich die Kinder vor dem Kommando bewegen):

- auf den Zehenspitzen leise schleichen
- rückwärts gehen
- Knie anheben im Gehen
- Riesen-Schritte machen
- Im Affengang gehen (Hände am Boden, Knie in der Luft)
- Seitwärts gehen
- Hopserlauf
- kräftige Strecksprünge nach oben

Durch den quer hineinlaufenden Wolf müssen die Kinder seitlich ausweichen. Dies kann zum Kreuzen von Laufwegen anderer Kinder führen. Die Lehrkraft *sollte vorher darauf hinweisen, damit die Kinder darauf Rücksicht nehmen können.*

Kinder-Yoga: Der Igel

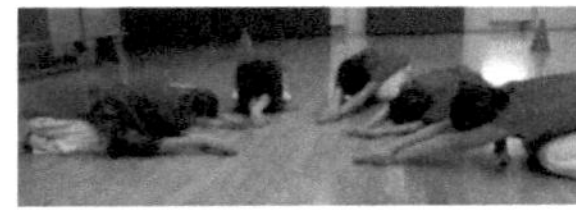

Die Kinder setzen sich in den Kreis und machen die Kinder-Yoga-Übung der Lehrkraft nach.

Der Igel: ganz klein machen und Arme wie Ohren des Hasen neben dem Körper ablegen, Stirn auf den übereinanderliegenden Händen ablegen (=Hase). Dann beide Arme nach vorne strecken und Hände wie eine Igelnase übereinanderlegen.

-> Trinkpause 1!

Hauptteil 1: Tiefstart mit Sprint (Methodische Reihe)

Einstieg: Die Kinder sehen sich den Sprinter Usain Bolt auf Video (IPad/ Handy) an.

Erarbeitung: Im Folgenden werden die Schritte zum Erlernen des Sprintstarts erläutert. Diese sollten möglichst auf einer Leichtathletikbahn durchgeführt werden:

1. Die Kinder starten in Schrittstellung nebeneinander aus dem Stand an einer Linie (vordere Zehenspitze ist genau hinter der Startlinie). Die Laufstrecke beträgt ca. 10 m. Der Lehrer erklärt das Startkommando. („Auf die Plätze - fertig - los! Mit jeweils 2 sec. Pause dazwischen.“) Dann laufen die Kinder um die Wette bis zu einer Linie und wieder zurück.

2. Gleiche Ausgangsposition mit Schrittstellung (wie zu Beginn) einnehmen. Dann das hintere Knie neben der Ferse des Vorderbeins absetzen (die Hände werden parallel zur Startlinie mit den Fingerspitzen aufgesetzt).

3. Gleiche Ausgangsposition wie zu Beginn, dann wieder ein Knie auf den Boden setzen. Auf das Kommando „Fertig“ wird das Gesäß angehoben (= „Raketenstartposition!“). Die Sprintstrecke wird auf 20 m verlängert (Beschleunigungsphase).

4. Die Kinder setzen sich in zwei Gruppen gegenüber auf den Boden und gehen in verschiedene Startpositionen. Jeweils ein oder zwei Kinder werden mit Namen aufgerufen und laufen langsam zu einem Kind gegenüber. Dann tippt es auf der anderen Seite jemanden an und läuft schnellstmöglich zurück, während das angetippte Kind versucht, es zu fangen. Danach geht das fangende Kind wieder zurück auf die Linie. Wer seinen Vordermann fängt, erhält einen Punkt.

5. Die Strecke wird auf 50 m verlängert und ein Seil oder Hütchen wird mit dem ersten Schritt übersprungen (schnellkräftig abdrücken).

⚠ *Lernhilfen anbieten: Wenn möglich, sollte man den Bewegungsablauf des Starts und des Sprints ausdrucken und den Kindern vorher zeigen. Dabei gezielt auf wichtige Aspekte/ besondere Beobachtungspunkte hinweisen. Auch ein Video von Usain Bolt`s Weltrekord auf dem iPad eignet sich super.*

Schnellere Kinder (Gewinner) starten in der nächsten Runde immer etwas weiter hinten, langsamere Kinder starten etwas weiter vorne. Der Wettlauf kann auch als Pendellauf (hin und zurück laufen) durchgeführt werden, da somit auch jüngere (kleinere/ leichtere) Kinder größere Gewinnchancen haben.

Entspannung/ Info-Verarbeitung: Stille Fische

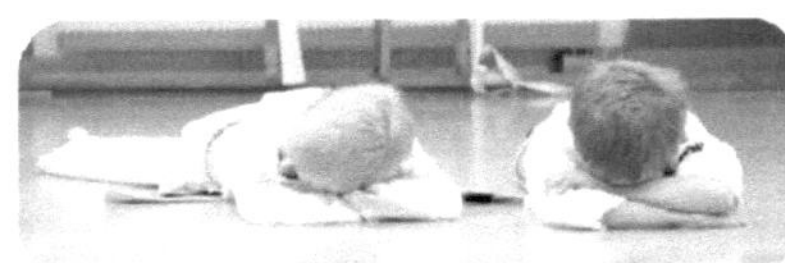

Die Kinder legen sich auf die Matten und sind Fische im Wasser. Ein Kind ist der Eisbär und sucht nach Zappelfischen. Die Kinder müssen sich also ganz still verhalten (sie dürfen atmen und mit den Augen zwinkern). Der Eisbär zählt laut bis drei und beginnt dann seine Suche. Bemerkt er einen Zappelfisch, so kann er diesen antippen (angeln). Dieses Kind hat dann ein Leben weniger. Nach drei Fischen ist der Eisbär satt und es darf ein neues Kind Eisbär sein, welches sich besonders still gehalten hat. Wer am Ende von drei Leben noch mindestens eines hat, hat gewonnen (dies auch so am Ende verkünden, damit sich die Kinder auch freuen können)!

-> Trinkpause 2!

Hauptteil 2: Löwen-Tiger-Laufschule

Die Kinder stellen sich in zwei Gruppen jeweils gegenüber auf einer Linie auf. Auf der einen Seite stehen die „Tiger“, auf der anderen die „Löwen“. Auf das Kommando „Tiger“ oder „Löwen“ läuft die jeweilige Gruppe los und klatscht bei seinem Partner gegenüber mit beiden Händen ab:

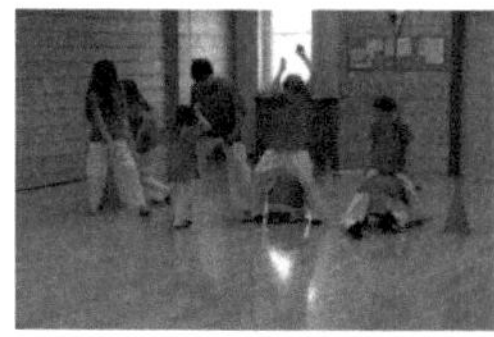

1. Abklatschen, einmal drehen, wieder abklatschen und zurücklaufen
2. Im Lauf **Anfersen**, abklatschen, auf den Bauch legen, hochdrücken, wieder abklatschen und zurücklaufen, mit Anfersen
3. **Kniehebelauf** und unter den Beinen des Partners durchkrabbeln
4. **Seitgalopp** und Partner einmal umlaufen („wie die Eisenbahn“)
5. **Hopserlauf** und mit Partner einmal im Kreis tanzen
6. **Wettrennen** aus dem Tiefstart (ein Partner stellt den Fuß als Startblock quer. Wer zuerst wieder ordentlich auf der Linie steht)

Differenzierung für Fortgeschrittene: *Rhythmusläufe (2-mal Anfersen mit dem rechten Bein, dann zweimal Anfersen mit dem linken Bein etc.)*

⚠ *Durch lustige „falsche Kommandos“ (z. B. „und jetzt die Nashörner!“) lernen die Kinder besser zuzuhören und das Spiel macht noch mehr Spaß.*

-> Trinkpause 3!

Schluss: 6-Tage-Rennen

Die Kinder setzen sich in Kleingruppen in je eine Hallenecke (oder in den Ecken eines markierten 15 m x 15 m Feldes) hintereinander auf den Boden. Ein Hütchen hinter ihnen markiert das Feld, welches umlaufen werden muss. Der Hinterste aus der Gruppe läuft auf das Startkommando eine Runde um das Feld herum und klatscht dann beim nächsten Kind seiner Gruppe ab, welches dann die nächste Runde läuft. In welchem Team sind zuerst alle wieder an ihrem Hütchen?

⚠ Die Musik wirkt anregend und steigert die Motivation der Kinder zu laufen!

-> Verabschiedungsritual!

Thema Nr. 4: LEICHTATHLETIK (WEITSPRUNG), Kids

Begrüßungsritual!

Aufwärmen: Chinesische Mauer

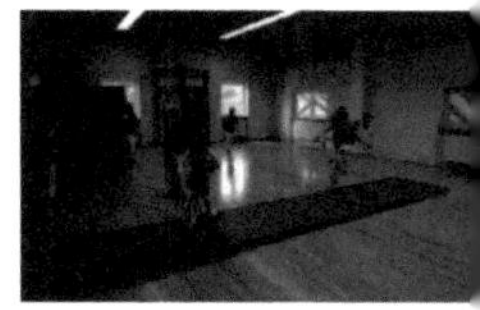

Ein Kind ist der Burgwächter und steht auf einer Linie. Die anderen müssen versuchen, auf die andere Seite der Linie zu kommen, ohne von dem Burgwächter gefangen zu werden. Dieser darf sich nur seitlich auf der Linie bewegen. Wer gefangen wurde, hilft dem Burgwächter.

⚠ Wenn sich die Kinder irgendwann zu lange auf einer Seite aufhalten, kann man einen Countdown herunterzählen (10-9-8-7-6-5-4-3-2-1).

Kinder-Yoga: Der Herzbaum

Die Kinder setzen sich in den Kreis und machen die Kinder-Yoga-Übung der Lehrkraft nach.

Der Herzbaum:

Die Kinder liegen auf dem Rücken, mit seitlich ausgebreiteten Armen. Dann streichen sie immer mit einer Hand von der gegenüberliegenden Hand über die Brust, bis der Arm wieder in der Ausgangsposition liegt. Immer beide Seiten im Wechsel. Dann die Atmung dazu koordinieren (Zuklappen = Ausatmen, Brustkorb weiten und Arme ablegen = Einatmen).

-> Trinkpause 1!

Hauptteil 1: Laufschule Weitsprung

Einstieg: Die Kinder sehen sich die Phasen des Weitsprungs als Bilderverlauf an und erfahren, dass der Weltrekord bei ca. 9 m liegt. Wie kann man 9 m weit springen? Die 9 m werden kurz als Schritte verdeutlicht.
Erarbeitung: Es werden mindestens 6 Matten **versetzt** ausgelegt und ein **Rundlauf** aufgebaut. Dieser enthält einen Hütchen-Slalom und eine Mattenreihe mit Lücken zwischen den Matten.
Die Kinder laufen in verschiedenen Vorgaben durch den Mattenrundlauf und setzen sich nach 2-3 Runden wieder in den Kreis. Ein Kind darf die Aufgaben des Rundlaufs immer vormachen:

1. Durchgang: Slalom von Matte zu Matte springen (bei versetzten Matten), Slalom durch Hütchen laufen, von Matte zu Matte über Lücken springen.
2. Durchgang: Bei jedem Sprung das Schwungbein nach oben ziehen („Knie hochziehen" -> Lehrkraft demonstriert im Kreis), statt Hütchen-Slalom sollen die Hütchen mit einem Steigesprung übersprungen werden, bei den versetzten Matten wird geradeaus gelaufen (statt Slalom).
3. Durchgang: Sprünge über die Matten und Hütchen, mit Armkreisen vorwärts und auskicken im Sprung.

Durch die versetzten Matten wird automatisch der Laufrhythmus der Kinder verbessert und die Differenzierungsfähigkeit wird verbessert. Die Kinder tun sich dann später leichter, im Weitsprung genau von dem Absprungbalken abzuspringen.

⚠ *Besonders wichtig ist beim Weitsprung das Erlernen des Schwungbeineinsatzes. Dies erfolgt eben vor allem durch das schwungvolle Knieheben, das in dieser Übungssequenz erlernt werden soll.*

Entspannung: Pizza backen

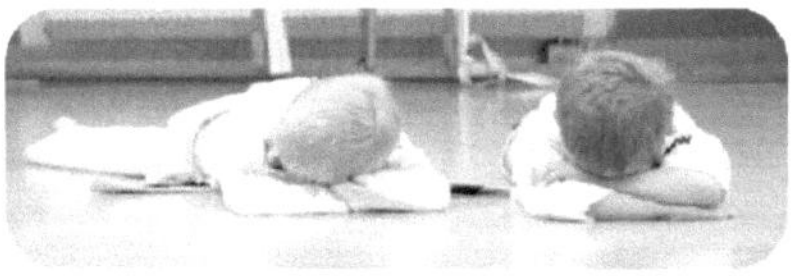

Die Hälfte der Kinder legt sich hin (=„Pizza-Teig"). Ein Partner kniet jeweils neben einem liegenden Kind (=„Koch"). Ein Chefkoch gibt Kommandos zum Zubereiten der Pizza:

- Teig kneten = massieren
- Teig ausrollen = hin und her-rollen
- Tomatensoße verteilen = über Körper streichen (auch Arme und Beine)
- Belegen der Pizza = Handflächen darauf klopfen
- Käse darauf streuen = Mit Fingerspitzen kitzeln
- In den Ofen = Hände aneinander warm reiben, dann auflegen
- Am Ende die Pizza kleinschneiden und aufessen

Danach wird getauscht.

-> Trinkpause 2!

Hauptteil 2: Anlauftreppe

Aus den Matten wird eine Anlauftreppe gebaut, die zu einer Weichbodenmatten nach oben führt (unterste Stufe = 1 Matte, dann 2 Matten, dann 3 Matten usw.). Dann laufen die Kinder die Mattentreppe hinauf und sollen wie folgt landen:

- auf dem Po landen (Beine nach vorne werfen, Arme nach vorne ausstrecken)
- im Ausfallschritt mit ausgebreiteten Armen landen
- über zwei kleine Hütchen springen und auf dem Po landen
- mit Kniehub über einen Karton springen („Lehrkraft macht Foto in der Luft in Steigesprung-Stellung") und in dieser Position landen
- gleiches mit Landung auf dem Po, Beine auskicken und Arme nach oben vorne kreisen
- Wettkampf: Wer kommt am weitesten (dort wird ein Seil auf die Matte gelegt, dass übersprungen werden muss)
- Nach jedem Anlauf und Sprung durchlaufen die Kinder wieder den Rundlauf aus dem Hauptteil 1 und stellen sich dann wieder zum Anlaufen an.

⚠ *Die Kinder sollen wie auf einem Foto kurz „in der Luft in Zeitlupe laufen". Dieses Bild hilft den Kindern in der Regel bei der Bewegungsausführung.*

⚠ *Geräteräume in der Halle sollten während dem Unterricht immer geschlossen werden.*

-> Trinkpause 3!

Schlussteil: Mattenberg-rollen

Die Kinder rollen wie ein Baumstamm seitlich den Mattenberg hinunter bis zur untersten Matte.

- herunterrollen
- hochrollen
- im Affengang hochwandern
- im Krabbengang hochwandern

-> Verabschiedungsritual!

4.3 Stundenbeispiele für Kinder zwischen 9 und 11 Jahren

Thema Nr. 1: TURNEN (Rolle vorwärts), Teens

Begrüßungsritual:

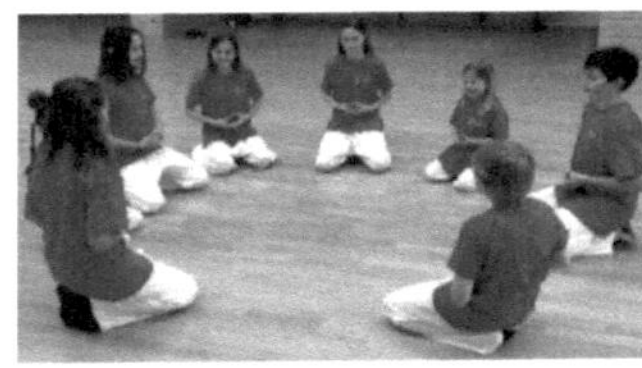

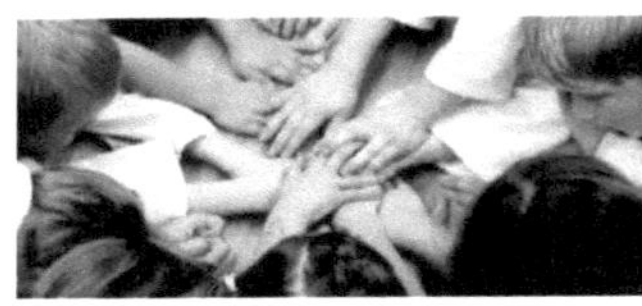

Die Kinder setzen sich in den Teamkreis auf die Fersen und legen ihre Hände ineinander. Die Lehrkraft gibt das Kommando: ***„Mokuso, Augen schließen!“***, dann ***„Mokuso, Augen wieder auf!“***. Danach legen alle Kinder eine Hand in die Mitte des Kreises (oder bei vielen Kindern auch auf den Rücken des Vordermannes). Die Lehrkraft- zählt: ***“3-2-1-Team!“*** (Die Kinder heben dann alle ihre Hände hoch und rufen laut *„Team!“* mit der Lehrkraft mit)

Aufwärmen:

Jetzt wird es eng

Die SuS laufen um Reifen am Boden herum. Bei Stoppen der Musik müssen sie in einen Reifen. Es wird jede Runde ein Reifen entfernt, sodass es für die Kinder immer enger wird:

Variante 1: vorwärts laufen
Variante 2: rückwärts laufen
Variante 3: im Seitgalopp laufen

Anschließende Reflexion:
Niemanden zu „Nähe“ zwingen (Persönlicher Bereich muss geschützt sein)

Versteinern

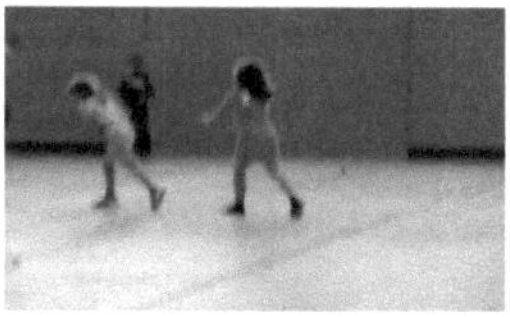

Zwei Kinder erhalten einen Zauberstab (Jungen) bzw. Hexenbesen (Mädchen) in Form eines verpackten Judogürtels und fangen damit die anderen Kinder (leicht antippen). Wer berührt wurde, ist versteinert, öffnet die Beine und darf sich nicht mehr bewegen. Erst wenn ein anderes Kind unter den Beinen hindurch krabbelt, kann es wieder laufen. Die Kinder sollen sich durch das Befreien gegenseitig helfen (-> Hilfsbereitschaft!). Während dem Befreien kann man daher nicht gefangen werden.

Kinder-Yoga: Der Hase

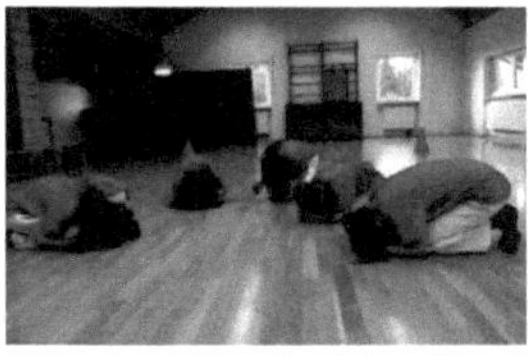

Die Kinder setzen sich in den Kreis und machen die Kinder-Yoga-Übung dem Lehrer nach. Diese wird dreimal wiederholt, dazwischen jeweils kurze Atmungspause.

a) Der Hase: ganz klein machen und Arme wie Ohren des Hasen neben dem Körper ablegen, Stirn auf den übereinanderliegenden Händen ablegen.

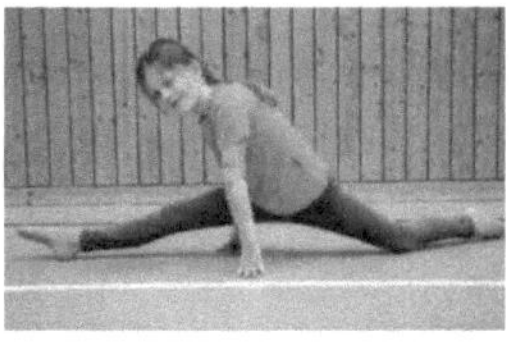

b) Spagate (Längs- und Querspagat; es sollte nicht wehtun, sondern nur leicht ziehen)

⚠ *Beim Yoga geht es um einen Wechsel zwischen Anspannung und Entspannung. Die Übungen dienen optimal als Cool-down, damit die Kinder entspannt aus dem Unterricht kommen und ausgeglichen nach Hause gehen. Die Übungen haben zudem meist einen muskel-dehnenden Charakter und regen die Durchblutung an bzw. leiten die Regeneration der Kinder behutsam ein.*

Sportschul-Regeln

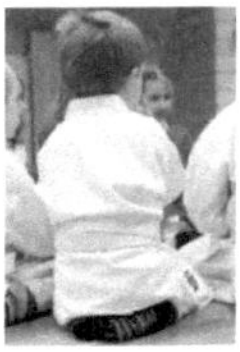

Die Kinder sitzen im Kreis und hören der Lehrkraft zu. Der Lehrer erläutert die drei wichtigsten Regeln der Sportschule (die natürlich immer mal wieder wiederholt werden müssen):

1. Wenn ein Anderer spricht, bleibst du an deinem Platz sitzen(!) und hörst gut zu!

2. Wenn du etwas sagen möchtest, dann meldest du dich und wartest, bis du aufgerufen wirst!

3. Wenn du getrunken hast, setzt du dich wieder ordentlich (!) in den Kreis!

-> Trinkpause 1!

⚠ *Alle Kinder bleiben in der Trinkpause gemeinsam zusammen bei den Getränken. Das Herumlaufen mit Trinkflaschen ist verboten. Wer fertig ist, setzt sich wieder in den*

Kreis (es gibt also nur die Optionen „Trinken“ oder „in den Kreis setzen“ -> kein Kind darf zwischendrin herumlaufen o. ä. -> Verletzungsgefahr!)

Hauptteil 1: Mattenrundlauf

Einstieg: Die Lehrkraft demonstriert eine Rolle vorwärts (auf dem Hinterkopf abrollen!).

Erarbeitung: Die Kinder laufen im Rundlauf zu den vier Matten, die sich an den jeweiligen Hallenseiten befinden. Auf jeder Matte führen sie eine der folgenden Übungen zum Erwerb allgemeiner Bewegungserfahrungen im Bodenturnen aus und **setzen sich nach jeweils zwei Runden wieder in den Kreis**:

1. **„Hasenhüpfer“** (Auf den Vorderarmen abstützen und mit den Beinen angehockt hinterher hoppeln.)

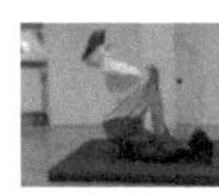

2. **„Rückenschaukel“** (Die Knie fest zur Brust anziehen und auf dem runden Rücken schaukeln.)

3. **„Wildes Pferd“** (Auf den Händen abstützen und die Beine wie ein wildes Pferd nach hinten-oben ausschlagen. ⚠ -> *Abstand halten!*)

4. „**Rolle vorwärts mit Hilfestellung**“ (Bei der Rolle vorwärts bietet die Lehrkraft Hilfestellung an.)

⚠ -> *bei der Hilfestellung kniet die Lehrkraft neben dem Kind und schiebt mit einer Hand von hinten an, während die andere Hand den Nacken stützt.*

⚠ *Bewegungsausführung der Rolle vorwärts: Arme gestreckt aufsetzen und Hände zusammenführen, Beine sind in der Hocke geschlossen. Kopf einziehen (Kinn zur Brust), aus der Hasenhocke abspringen und* ***auf dem Hinterkopf*** *abrollen. Danach ohne Hilfe, jedes Kind höchstens zwei Runden, um die* ***Halswirbelsäule nicht zu überlasten****! Zunächst sollen die Kinder jedoch mindestens zweimal mit Hilfestellung abrollen. Manche Kinder benötigen auch danach noch die Hilfe des Lehrers.*

⚠ *Jede Übung sollte von einer* Lehrkraft *oder einem braven und sportlichen Kind auf einer Matte in der* ***Mitte des Sitzkreises*** *demonstriert werden (und möglichst alle Übungen durchgehend nur von* ***ein und demselben*** *Kind!). Dazu ist es sehr motivierend für die Kinder, wenn sie sich* ***„ins Kino“*** *setzen dürfen (mit gutem Blick auf eine Matte). Es läuft dann z. B. der erste Film „Hasenhüpfer“. Die Kinder passen dann besser auf bzw. sehen besser zu.*

Entspannung/ Info-Verarbeitung: Stille Fische

Die Kinder legen sich auf die Matten und sind Fische im Wasser. Ein Kind ist der Eisbär und sucht nach Zappelfischen. Die Kinder müssen sich also ganz still verhalten (sie dürfen atmen und mit den Augen zwinkern). Der Eisbär zählt laut bis drei und beginnt dann seine Suche. Bemerkt er einen Zappelfisch, so kann er diesen antippen („angeln“). Dieses Kind hat dann ein Leben

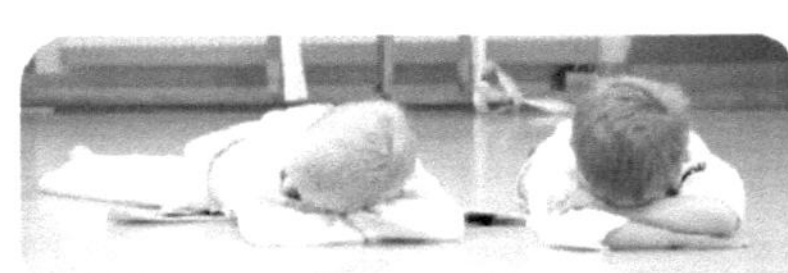

weniger. Nach drei Fischen ist der Eisbär satt und es darf ein neues Kind Eisbär sein, welches sich besonders still gehalten hat. Wer am Ende von drei Leben noch mindestens eines hat, hat gewonnen (dies auch so am Ende verkünden, damit sich die Kinder auch freuen können)!

⚠ *Diese Entspannungsphase ist für die Kinder nach der anstrengenden Lernphase sehr wichtig, um das Gelernte zu verarbeiten. Dadurch kann die Gruppe wieder leichter geführt werden und es entsteht wieder eine* ***entspannte und angenehme Gruppenatmosphäre****. Das Spiel kann im gesamten Jahresprogramm immer wieder eingesetzt werden, wenn die Gruppe gereizt oder zu aufgedreht ist, auch wenn dies nicht im Programm steht.*

-> Trinkpause 2!

Hauptteil 2: Sprungrolle

Die Kinder laufen in zwei Gruppen auf normalen Matten nacheinander auf eine Weichbodenmatte zu und führen dort eine Sprungrolle aus:

1. Nach und nach wird der Abstand zwischen Matte und Weichbodenmatte vergrößert.
2. Ein mutiges Kind kann sich in die Lücke zwischen den Matten legen und die anderen Kinder springen in einer Sprungrolle darüber (zuerst auf der Weichbodenmatte)
3. Dann statt einer Weichbodenmatte eine Sprungrolle auf eine normale Matte ausführen.

⚠ *Ausreichend Abstand zum Vordermann halten.*

-> Trinkpause 3!

Schlussteil: Zirkeltraining (4 kindgerechte Fitness-Übungen)

Die Kinder führen zu einem Power-Lied an jeder Station (z. B. an jeder Matte) gemeinsam je eine Übung durch, solange die Musik läuft (Belastungsdauer ca. 30 sec.!). Dann wechseln sie im Uhrzeigersinn zur nächsten Station. Die Übungen werden vorab einmal mit den Schülern demonstriert und ganz kurz geübt. Anschließend beginnt das Zirkeltraining.

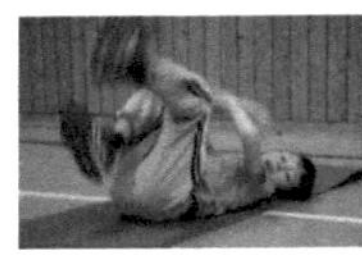

1. Übung (Bauchmuskeln): **Zappelkäfer** (auf den Rücken legen und Kopf leicht vom Boden anheben. Dann mit Armen und Beinen kräftig zappeln wie ein Käfer, der sich umdrehen möchte)

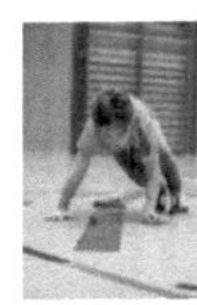

2. Übung (Brust und Arme): **Liegestützsprünge** (auf die Arme stützen und die Beine abwechselnd zur Brust anziehen oder Wedelsprünge über Linie/ Band/ Seil)

3. Übung (Rücken): **Schwimmer** (wie ein Schwimmer im Wasser mit Armen und Beinen in Bauchlage zappeln).

4. Übung (Abduktoren/ Schultern): **Hampelmann-Sprünge** (Beine im Sprung grätschen und gleichzeitig Arme über dem Kopf zusammenklatschen, dann Arme und Beine wieder zusammen an den Körper heranführen).

-> Verabschiedungsritual! (wie zu Beginn)

Thema Nr. 2: TURNEN (HANDSTAND), Teens

Begrüßungsritual!

Aufwärmen:

Schwungtuch-Übungen

Die SuS heben ein Schwungtuch und tauschen die Plätze, indem sie unter dem Schwungtuch hindurchlaufen. Dabei werden verschiedene Vorgaben gemacht.

Variante 1: Namen aufrufen/ Gemeinsamkeiten (z. B. alle mit braunen Haaren/ jünger als ... tauschen ihre Plätze)/ immer wenn sich zwei in die Augen schauen, tauschen diese ihre Plätze.

Variante 2: Alle SuS stehen in einer Schlange hintereinander und tragen das Tuch über dem Kopf wie eine Raupe bzw. ein Drache. Dabei (möglichst im Gleichschritt) gehen oder laufen.

Anschließende Reflexion:

Rollenverhalten (Berührungsängste/ aktiv auf andere zugehend/...)

Die Löwen sind los

Ein Kind wird als Löwe bestimmt und stellt sich in den Löwenkäfig (hinter eine Linie). Die anderen Kinder besichtigen den Löwen im Zoo und können sagen, was der Löwe gerade tut (z. B. der Löwe putzt sich die Zähne/ kämmt sich/ liest ein Buch/ macht einen Spaziergang/ spielt ein Brettspiel/ geht Essen mit Freunden/ bastelt etwas/ usw.). Irgendwann sagt die Lehrkraft „der Löwe ist los!“.

Dann laufen alle Kinder zur anderen Hallenseite. Wer gefangen wurde, ist ebenfalls ein Löwe. Es sind verschiedene Startpositionen der Zoobesucher zu empfehlen (Hinsetzen/ Hinstellen/ Hinlegen/ Schneidersitz/ etc.).

⚠ Die Kinder sollen bei dem Spiel auch lernen, welche Möglichkeiten der Freizeitbeschäftigung sie haben. Dabei sollte man Tätigkeiten wie PC-Spiele oder Fernsehen nicht gelten lassen, weil sie die Gesundheit nur wenig fördern.

Kinder-Yoga: Der Bär

Die Kinder setzen sich in den Kreis und machen die Kinder-Yoga-Übung der Lehrkraft nach.

Der Bär:
Die Kinder liegen auf dem Rücken und schütteln ihre nach oben gestreckten Beine und Arme aus. Dann wieder ablegen und kurz in Rückenlage nachspüren. Fortgeschrittene können auch eine Rotationsbewegung mit einem angewinkelten Bein in Rückenlage durchführen (ein- oder auswärtsrotieren im Hüftgelenk).

Spagate: Die Kinder bilden einen Stern, indem sie die Fußsohlen des Nachbarn im Sitzkreis berühren. Daraus soll nun wieder annäherungsweise ein Kreis gemacht werden, d. h. die Beine müssen möglichst weit gegrätscht werden. Danach kann jedes Kind noch einen eigenen Spagat versuchen.

-> Trinkpause 1!

Hauptteil 1: Handstand - Vorerfahrungen

Einstieg: Die Kinder sehen sich eine Zeichnung zu einem Handstand an.

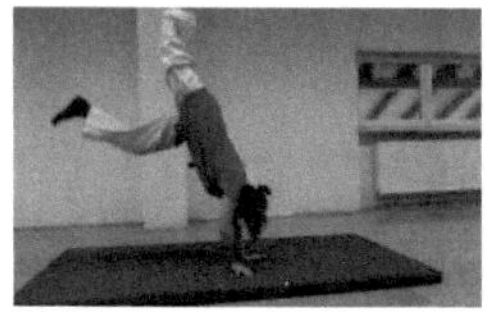

Erarbeitung: Es werden 4 Stationen im Kreis aufgebaut, welche die Kinder mehrmals durchlaufen. Die Lehrkraft demonstriert den Kindern zuerst jede Station. Dazu setzten sich die Kinder in die Mitte des Kreises und drehen sich immer wieder zur nächsten Station um:

1. Station: Anschwingen in den Handstand aus der Schrittstellung auf der Matte (Schrittstellung mit Kreide auf der Matte aufmalen. Wie ein wildes Pferd mit den Beinen nach hinten-oben ausschlagen)
2. Station: Hände nah an der Wand auf der Weichbodenmatte aufsetzen. Mit den Füßen die Wand hochlaufen und dann abstoßen und möglichst in gestreckter Handstandposition auf die Weichbodenmatte (auf den Rücken) umfallen lassen.
3. Station: Auf einem Kasten längs entlang ziehen und dann die Hände am Ende auf einer Matte aufsetzen. Kurz im Handstand stehen (Lehrkraft hält kurz die Beine fest), dann abrollen.

⚠ Sinkt die Motivation der Kinder oder machen die Kinder nicht mehr ordentlich mit, sind sie möglicherweise kräftemäßig oder nervlich überlastet. Dann empfiehlt es sich, den Rundlauf abzubrechen und das nächste Spiel zu beginnen. Die Bedürfnisse der Kinder sollten stets wahrgenommen werden, da sie in der Regel ein gutes Zusatz-Instrument für die gesunde Belastungssteuerung darstellen.

Entspannung: Schlafmütze

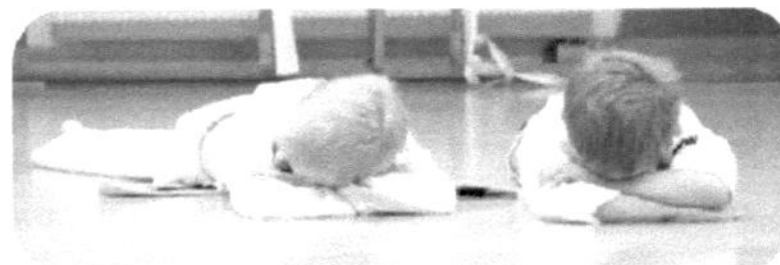

Die Kinder legen sich in der Halle auf den Boden und schließen die Augen. Ein Kind ist der Aufwecker und flüstert den Kindern einen Namen ins Ohr. Sobald die Kinder aufgeweckt sind, helfen sie dem Aufwecker. Das Kind, dessen Namen geflüstert wurde, wird erst zuletzt aufgeweckt. Dann stehen alle Kinder um dieses letzte Kind herum und rufen auf 1-2-3 laut „Schlafmütze!“. Nun muss das „Schlafmützen-Kind“ die anderen Kinder fangen. Mehrere Runden spielen. Nun muss das „Schlafmützen-Kind“ die anderen Kinder fangen. Mehrere Runden spielen.

-> Trinkpause 2!

Hauptteil 2: Spiel aussuchen

Die Kinder dürfen aus den folgenden drei Spielen ein Spiel aussuchen. Es wird demokratisch abgestimmt (was die meisten spielen möchten wird gespielt!):

a) Feuer, Wasser, Sturm
b) Rübenziehen
c) Versteinern

⚠ *Wenn die Kinder selbst mitbestimmen dürfen, wird (vgl. Decey/ Ryan) die Motivation der Kinder zum Sporttreiben und gut mitmachen erhöht. Zudem fördert es die Entschei-*

dungsfähigkeit und Selbstständigkeit der Kinder. Im Laufe dieses Programms werden die Kinder immer öfter selbst ein Spiel aussuchen dürfen.

-> Trinkpause 3!

Schlussteil: Zirkeltraining (4 kindgerechte Fitness-Übungen)

Die Kinder führen zu einem Power-Lied an jeder Station (z. B. an jeder Matte) gemeinsam je eine Übung durch, solange die Musik läuft (Belastungsdauer ca. 30 sec.!). Dann wechseln sie im Uhrzeigersinn zur nächsten Station. Die Übungen werden vorab einmal mit den Schülern demonstriert und ganz kurz geübt. Anschließend beginnt das Zirkeltraining.

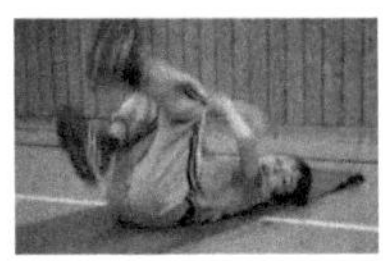

1. Übung (Bauchmuskeln): **Zappelkäfer** (auf den Rücken legen und Kopf leicht vom Boden anheben. Dann mit Armen und Beinen kräftig zappeln wie ein Käfer, der sich umdrehen möchte)

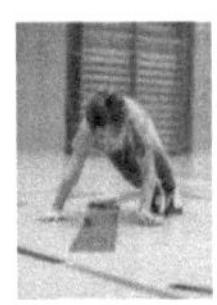

2. Übung (Brust und Arme): **Liegestützsprünge** (auf die Arme stützen und die Beine abwechselnd zur Brust anziehen oder Wedelsprünge über Linie/ Band/ Seil)

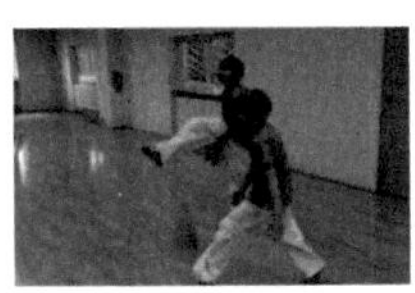

3. Übung (Bauch/ Hüftbeuger): **Beinschwingen mit Klatschen** (Knie anziehen und unter dem Bein Hände zusammenklatschen, dann gleiches mit dem anderen

Bein)

4. Übung (Abduktoren/ Schultern): **Hampelmann-Sprünge** (Beine im Sprung grätschen und gleichzeitig Arme über dem Kopf zusammenklatschen, dann Arme und Beine wieder zusammen an den Körper heranführen).

-> Verabschiedungsritual!

Thema Nr. 3: TURNEN (RAD), Teens

Begrüßungsritual!

Aufwärmen: Seilpendel

Ein S. steht in der Mitte und lässt sich im Wechsel wie ein Pendel nach vorne und nach hinten fallen. Die Füße bleiben dabei fest am Boden. Die anderen SuS fangen den pendelnden S. sanft mit gespannten Seilen ab.

Variante 1: zu dritt ohne Seile

Variante 2: zu fünft mit Seilen

Variante 3: als Gruppe (ein S. pendelt in alle Richtungen) // Freier Fall

Anschließende Reflexion:

Untergruppen auflösen durch Prinzip „Jeder mit jedem!“

Tse-Tse-Fliege

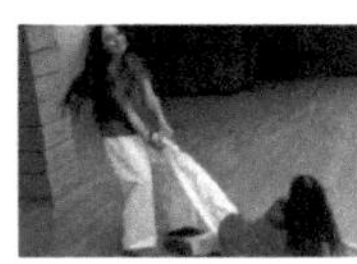

Zwei Kinder sind Tse-Tse-Fliegen und müssen die anderen Kinder „piksen“. Wer gestochen wurde, setzt sich hin und wird von einem Notarztteam ins Krankenhaus gebracht, wo er sofort wieder gesund ist und wieder weiterlaufen kann. Bei den Minis reicht auch ein(e) Arzt/Ärztin aus, die/der die Kinder mit einer imaginären Spritze versorgt, damit diese wieder laufen können.

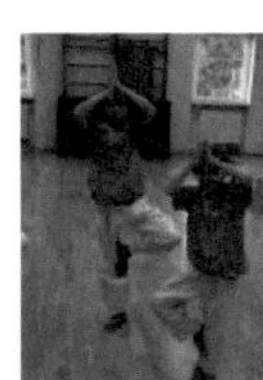

Kinder-Yoga: Der Baum

Die Kinder setzen sich in den Kreis und machen die Kinder-Yoga-Übung der Lehrkraft nach.

Der Baum:
Ein Fuß wird im Einbeinstand seitlich an die Kniekehle angelegt. Die Hände werden gleichzeitig über dem Kopf zusammengedrückt. Es ist meist noch ein junges Wackelbäumchen, deshalb nur 3 sec. halten und dann das Bein immer wieder wechseln.

-> Trinkpause 1!

Hauptteil 1: Methodik Rad

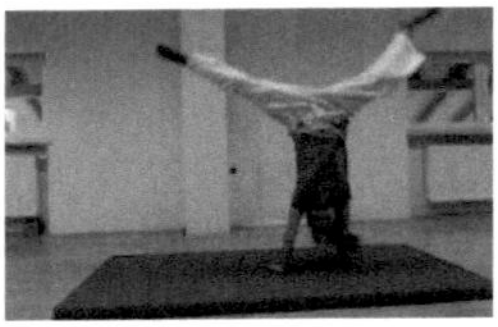

Vor den Stationen werden kurz turnerische Aufwärmübungen durchgeführt (Armkreisen, Handgelenke mobilisieren, Grätsche und Armbewegungen zur Zehenspitze, Spagate an der Sprossenwand).

Einstieg:
Die Kinder suchen sich zunächst einen Partner. Dann wandert immer ein Kind mit den Füßen die Wand hoch in die Handstandposition (maximal 5 sec.! Hände möglichst nah an der Wand aufsetzen und die Finger wie die Füße eines Krans spreizen, damit man stabiler steht), während das andere Kind unten durch krabbelt. Dies geschieht zwei bis dreimal im Wechsel. Dann folgen die Varianten:
- gleiche Übung, aber ein Bein von der Wand wegnehmen
- gleiche Übung, aber Beine grätschen/ anhocken/ ein Bein anziehen, anderes strecken
- gleiche Übung, aber kurz beide Beine von der Wand abdrücken

Erarbeitung:
Mit der Wiederholung des Handstandes kann nun zu den Übungen für das Rad übergegangen werden. Dazu durchlaufen die Kinder drei Stationen (von denen jeweils mehrere Aufbauten vorhanden sind, damit es nicht zu langen Wartezeiten kommt):

1. Station: Schwungvolle Zick-Zack-Schritte über die Bank (dabei mit den Händen auf der Bank abstützen -> Vorsicht: Nicht an der Bankkante anstoßen, also Beine gut und weit grätschen).
2. Station: Von einer Matte über ein Kastenteil stützen und wieder auf einer Matte hinter dem Kastenoberteil stehen. Dabei ist besonders wichtig, dass die Kinder in die gleiche Richtung schauen wie zu Beginn des Rades.
3. Station: Rad entlang einer Linie auf einer größeren Turnmatte/ Turnboden oder entlang einer Hallenwand.

Differenzierung für Fortgeschrittene: Mit viel Schwung die Beine möglichst senkrecht nach oben bringen.

Entspannung: Mord in der Disco

Die Kinder begeben sich in eine beliebige Position und dürfen sich nicht mehr bewegen. Ein Kind ist der Detektiv und merkt sich alle Positionen. Dann verändert sich ein Räuber, sobald der Detektiv fort ist. Der Detektiv muss dann wieder kommen und herausfinden, wer sich verändert hat bzw. wer der Räuber ist.

-> Trinkpause 2!

Hauptteil 2: Schwebebalken

Es werden 3 Bänke und ein Schwebebalken hintereinander mit etwas Abstand aufgestellt (möglichst ein Balken knapp über dem Boden mit Matten darunter! Als Alternative eignet sich auch ein Tau/ Seile oder ein zusammengerolltes Laken). Die Lehrkraft erläutert die Bewegungskür, die auf dem Balken ausgeführt werden soll. Diese besteht aus den folgenden Aufgaben:

- Aufstehen auf dem Schwebebalken: Wie auf ein Pferd in den Reitersitz setzen, dann, ohne dass die Füße oder Arme den Boden berühren, aufstehen, indem die Füße hintereinander auf dem Balken aufgesetzt werden, mit einer Hand hinten hochdrücken und mit der anderen Hand Gewicht nach vorne verlagern, durch Arm nach vorne strecken.
- Rhythmisches Gehen auf dem Balken: Einknicken im Kniegelenk und anderes Bein in leichtem Halbkreis außen herum nach vorne schwingen, dazu Arme ausbreiten.
- Arabesque und dann Standwaage: Beide Arme nach vorne oben strecken und ein Bein nach hinten ausstrecken (Zehen gestreckt), sodass man auf einem Bein steht (=Arabesque). Dann Arme seitlich ausbreiten und hinteres Bein mit dem Oberkörper in eine waagerechte Position bringen (=Standwaage).

Differenzierung für Fortgeschrittene:
- Drehsprung: Der Arm leitet die Drehbewegung ästhetisch ein, dann halbe Drehung (zweimal).
- Rad von Bank oder Balken auf den Boden: Die Hände auf dem Balken abstützen und herunterspringen bzw. ein schönes Rad als Abgang machen.

- Schwierigste Übung: Rad auf dem Balken (zu Beginn eine Matte auf den Balken legen)

Vorsicht: Es kann zum Umknicken/ Abrutschen auf dem Balken kommen. Die Kinder sollen daher stets herunterspringen, wenn sie merken, dass sie abrutschen oder umknicken. Zudem ist besondere Vorsicht am Ende jeder Bank/ jedes Balkens geboten, da die Kinder meistens erst am Ende stürzen, wenn die Konzentrationsausdauer nachlässt.

-> Trinkpause 3!

Schlussteil: Spiel aussuchen

Die Kinder dürfen sich selbst (als Belohnung für ihre Anstrengungen bei den schwierigen Übungen) ein Spiel ihrer Wahl aussuchen.

-> Verabschiedungsritual!

Thema Nr. 4: TURNEN (ROLLE, RAD und HANDSTAND), Teens

Begrüßungsritual!

Aufwärmen:

Den Bewegungsroboter führen

Die SuS führen einen Partner über Hindernisse zu einem bestimmten Ziel. Dabei tippen sie den Roboter an der entsprechenden Schulter an, um ihn zu lenken.

Variante 1: rechte Schulter antippen = Drehung nach rechts/ linke Schulter antippen = Drehung nach links

Variante 2: rechte Schulter antippen = Drehung nach links (!) / u. u.

Variante 3: mit geschlossenen (/verbundenen) Augen (+ Partner steuert wie bei Variante 1)

Anschließende Reflexion:

Hast du deinem Partner vertraut? Wie hast du dich gefühlt? Wie wichtig ist dir Vertrauen?

Der wilde Motorradfahrer

Ein Kind wird als Motorradfahrer festgelegt (dieser soll sich die Handschuhe anziehen, Helm aufsetzen, auf das Motorrad steigen ...). Die anderen Kinder weichen dem wilden Motorradfahrer aus. Wer angetippt wird, setzt sich hin und wird von einem Notarzt-Team ins Krankenhaus gebracht und kann dann sofort wieder laufen.

Kinder-Yoga: Das Nest

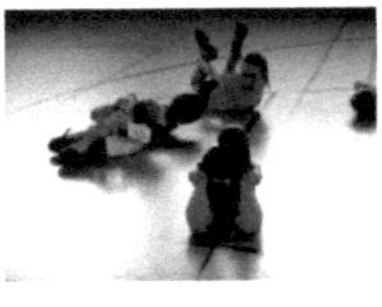

Die Kinder setzen sich in den Kreis und machen die Kinder-Yoga-Übung der Lehrkraft nach.

Das Nest:
Die Kinder legen sich auf den Bauch und halten in Bauchlage mit den Händen ihre Beine über dem Körper fest. Dann strecken sie sich durch, sodass das Nest auch zu schaukeln anfangen kann.

Anschließend Spagate wiederholen.

-> Trinkpause 1!

Hauptteil 1: Stations-Rundlauf Bodenturnen
Einstieg: Die Kinder sehen sich auf einem iPad oder Handy eine Turnerin bei einer Turnkür an.
Erarbeitung: Die Kinder durchlaufen die folgenden Turnstationen im Rundlauf:

1. Station: Handstand an der Wand (rückwärts mit den Füßen hochlaufen).
2. Station: Anschwingen in den Handstand aus dem Streckstand (ein Bein mit gestreckten Zehen anheben und angehen, dann Standbein weich einknicken und Hände aufsetzen, zuletzt mindestens ein Bein gestreckt nach oben schwingen).
3. Station: Zwei mal von Matte zu Matte ein Rad über ein querliegendes Kastenoberteil ausführen bzw. im Grätschsprung darüber stützen.

4. Station: Rolle vorwärts von einer schrägen Matte (2 Sprungbretter unterlegen und Matten darauf platzieren, sodass eine schräge Ebene entsteht).
5. Station: Rolle vorwärts auf einer Matte (Über den Hinterkopf abrollen. Dazu Arme leicht beugen und Kopf einziehen, mit den Beinen abdrücken und auf dem Hinterkopf abrollen. Notfalls mit Hilfestellung am Hals unterstützen und etwas anschieben).

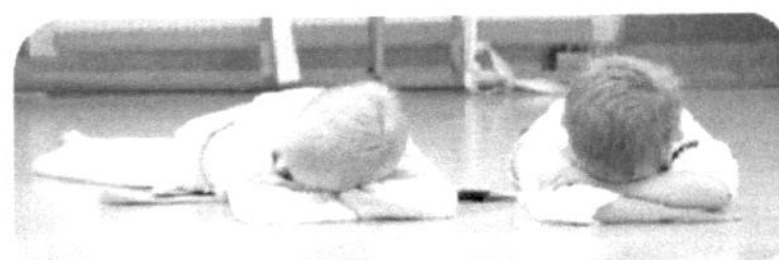

Entspannung: Stille Fische

Stille Fische (siehe erste Stunde).

-> Trinkpause 2!

Hauptteil 2: Turnen am Reck (alternativ Spiel aussuchen lassen)

Es werden drei Reckstangen nebeneinander aufgebaut. Zusätzlich dürfen immer zwei bis drei Kinder frei an den Ringen turnen (diese werden alle 3 min. getauscht). Aufgaben an den Reckstangen:

1. Reckstange: Mit einer angeklebten Isolierung o.ä. die harte Stange etwas abpolstern. Die Kinder springen in den Stütz und wippen in der Hüfte zwei bis dreimal gegen die (gepolsterte) Stange (Oberkörper und Beine wippen geschlossen mit gestreckten Zehen nach vorne und wieder nach hinten). Dann wegdrücken und nach hinten abspringen (diese Reckstange nicht zu hoch aufbauen).

2. Reckstange: Die Kinder steigen seitlich mit einem kleinen Kasten auf und gehen in den Stütz auf der Stange. Dann wandern sie mit kleinen Stützbewegungen bis zum Ende der Stange und machen dort eine Rolle vorwärts als Abgang.

Differenzierung für Fortgeschrittene: Ein Bein über der Stange angewinkelt und dann Rolle vorwärts als Abgang).

3. Reckstange: Die Kinder machen einen Unterschwung über ein Seil, das von zwei Kindern vor dem Reck quer gehalten wird (Wichtig: diese Reckstange nicht zu tief aufbauen, damit die Kinder sich nicht mit der Nase oder dem Kopf an der Stange anstoßen).

-> Trinkpause 3!

Schlussteil: Zirkeltraining

Die Kinder führen zu einem Power-Lied an jeder Station (z. B. an jeder Matte) gemeinsam je eine Übung durch, solange die Musik läuft (Belastungsdauer ca. 45 sec.!). Dann wechseln sie im Uhrzeigersinn zur nächsten Station. Die Übungen werden vorab einmal mit den Schülern demonstriert und ganz kurz geübt.

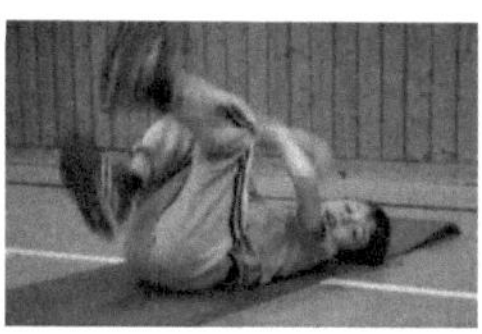

1. Übung (Bauchmuskeln): **Zappelkäfer** (auf den Rücken legen und Kopf leicht vom Boden anheben. Dann mit Armen und Beinen kräftig zappeln wie ein Käfer, der sich umdrehen möchte)

2. Übung (Brust und Arme): **Liegestützsprünge** (auf die Arme stützen und die Beine abwechselnd zur Brust anziehen oder Wedelsprünge)

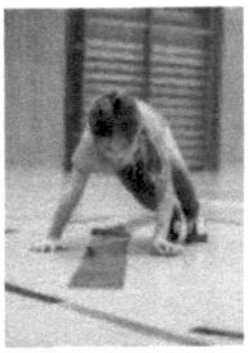

3. Übung (Oberschenkel): **Känguru-Sprünge** aus der tiefen Kniebeuge heraus (Boden kurz mit einer Hand berühren, dann Strecksprung)

4. Übung (Abduktoren/ Schultern): **Hampelmann-Sprünge**

-> Verabschiedungsritual!

Diese Unterrichtsbeispiele sollten Sie an die gegebenen Bedingungen und Ihre Gruppe anpassen.

Schlusswort

Ich hoffe, Sie haben mit diesem Buch einen Lernfortschritt erzielt und wünsche Ihnen eine erfolgreiche Zeit mit den Kindern in Ihrer Sportgruppe. Zudem möchte ich mich für Ihre Einsatzbereitschaft und Ihr Engagement für diese so wichtige Aufgabe in unserer Gesellschaft ausdrücklich bedanken.

Literaturverzeichnis

Asendorpf, J. B., Warkentin, V., & Baudonniere, P. M. (1996). Self-awareness and other-awareness. II: Mirror self-recognition, social contingency awareness, and synchronic imitation. *Developmental Psychology*, *32*(2), 313.

Atkinson, R. C., & Shiffrin, R. M. (1968). Human memory: A proposed system and its control processes. In *Psychology of learning and motivation* (Vol. 2, pp. 89-195). Academic Press.

Bandura A., Walters R. H. (1963). *Social Learning and personality developement.* New York, Holt Rinehart and Winston.

Bates, A. W. (1990). Third generation distance education: The challenge of new technology.

Bentham, J. (2013). *Das Panoptikum* (Vol. 14). Matthes & Seitz Berlin Verlag.

Bös, K., Wohlmann, R. (1987). Allgemeiner Sportmotorischer Test <AST 6-11> zur Diagnose der konditionellen und koodrinativen Leistungsfähigkeit. In: *Sportunterricht (10)*, Schorndorf.

Bourdieu, P. (2012). Ökonomisches kapital, kulturelles kapital, soziales kapital. In *Handbuch Bildungs-und Erziehungssoziologie* (pp. 229-242). Wiesbaden, VS Verlag für Sozialwissenschaften.

Brezinka, W. (1978). Metatheorie der Erziehung. *Eine Einführung in die Grundlagen der Erziehungswissenschaft, der Philosophie der Erziehung und der Praktischen Pädagogik.* München, Reinhardt, 4.

Bronfenbrenner, U. (1986). *Recent Advances in Research on the Ecology of Human Development.* In: R.-K.

Silbereisen, K. Eyferth, G. Rudinger: *Development as Action in Context – Problem Behaviour and Normal Youth Development*. Springer, Berlin, S. 287–310.

Bruner, J., S. (1990): *Acts of meaning*. Cambridge, MA: Harvard University Press.

Cattell, R. B. (1963). Theory of fluid and crystallized intelligence: A critical experiment. *Journal of educational psychology*, *54*(1), 1.

Deci, E. L., & Ryan, R. M. (1993). Die Selbstbestimmungstheorie der Motivation und ihre Bedeutung für die Pädagogik. *Zeitschrift für Pädagogik*, *39*(2), 223-238.

Durkheim, É. (2014). ERZIEHUNG UND DISZIPLIN. *Projekt Frühkindliche Erziehung: Ein Lehr-und Lernbuch*, 135.

Engelhardt, W. W. (1981). Die Frage der Auswirkungen von Ökonomisierungs-und Ökonomismustendenzen auf die Sozialisation und zu den Voraussetzungen der Gegensteuerung mittels Sozialpolitik, Sozialpädagogik und Kooperation. *Sozialer Fortschritt*, *30*(1), 10-18.

Erikson, E. H. (2017). *Identität und lebenszyklus*.

Francke, A. H. (1733). *Kurtzer und einfältiger Unterricht, wie die Kinder zur wahren Gottseligkeit und christlichen Klugheit anzuführen sind.*

Frey, A., & Grasy, B. (2021). Klassenführung im inklusionsorientierten Unterricht als Auftrag der Lehrer* innenbildung. In *Mythen, Widersprüche und Gewissheiten der Grundschulforschung* (pp. 439-445). Wiesbaden, Springer Verlag.

Fromm, E. (1941). Die furcht vor der freiheit.

Hasselhorn, M. & Silbereisen, R. K. (Hrsg.). (2008). Entwicklungspsychologie des Säuglings- und Kindesalters. In:

Enzyklopädie der Psychologie, Serie Entwicklungspsychologie, Bd. 4. Göttingen, Hogrefe.

Haußer, K. (2013). *Identitätspsychologie*. Springer Verlag.

Havighurst, R. J., & Glasser, R. (1972). An exploratory study of reminiscence. *Journal of gerontology*.

Heitger, M. (1968). Freiheit: Verantwortung und Entscheidung. *Akten des XIV. Internationalen Kongresses für Philosophie, 1*, 218-225.

Helmke, A. (2015). Unterrichtsqualität und Lehrerprofessionalität: Diagnose, Evaluation und Verbesserung des Unterrichts. Seelze-Velber, Klett/ Kallmeyer, 69-102.

Helsper, W. (2001). Antinomien des Lehrerhandelns—Anfragen an die Bildungsgangdidaktik. In *Bildungsgangdidaktik* (pp. 83-103). Wiesbaden, VS Verlag für Sozialwissenschaften.

Herbart, J. F. (2002). *Johann Friedrich Herbart:(1776-1841)*. Hohengehren, Schneider-Verlag.

Herzog, W., & Makarova, E. (2014). Anforderungen an und Leitbilder für den Lehrerberuf. *Handbuch der Forschung zum Lehrerberuf, 2*, 83-102.

Hinz, A. (2006). Integrativer Unterricht bei geistiger Behinderung? Integrativer Unterricht ohne geistige Behinderung. *Pädagogik bei geistigen Behinderungen. Ein Handbuch für Praxis.* Stuttgart, Verlag W. Kohlhammer, 341-349.

Hurrelmann, K. (2015). Sozialisation. In *Handbuch der Erziehungswissenschaft* (pp. 313-357). Ferdinand Schöningh.

Kant, I., & Höffe, O. (1795). Zum ewigen frieden.

Keller, J. M. (2016). Motivation, learning, and technology: Applying the ARCS-V motivation model. *Participatory Educational Research*, *3*(2), 1-15.

Klafki, W. (1964). Didaktische Analyse als Kern der Unterrichtsvorbereitung in: Roth, H. / Blumenthal, A. (Hg): Grundlegende Aufsätze aus der Zeitschrift Die Deutsche Schule, Hannover.

Kuritz, A., Dinkelacker, M., & Mess, F. (2016). Bewegung und Sport in Ganztagsschulen. *Sportwissenschaft*, *46*(3), 162-178.

Lewin, K. (1926). Vorsatz, wille und bedürfnis. *Psychologische Forschung*, *7*(1), 330-385.

Maccoby, M. (1992). Die Methoden der Gesellschafts-Charakter-Forschung bei Erich Fromm. *Wissenschaft vom Menschen/Science of Man. Jahrbuch der Internationalen Erich Fromm-Gesellschaft, Münster (Lit-Verlag) 1992, pp. 35-46.*

Marcia, J. E. (1966). Development and validation of ego-identity status. *Journal of personality and social psychology*, *3*(5), 551.

Maslow, A., & Frager, R. (1987). Motivation and Personality (book).

Nolting, H. P. (2014). Störungen eindämmen–aber klimaschonend. *Tillack, C., Fetzer, J. & Raufelder, D.(2014), Beziehungen in Schule und Unterricht. Teil*, *3*, 127-134.

Osterwalder, F. (2008). Johann Heinrich Pestalozzi (1746–1827). In *Klassiker der Pädagogik* (pp. 53-74). VS Verlag für Sozialwissenschaften.

Parsons, T. (2012). Die Schulklasse als soziales System: Einige ihrer Funktionen in der amerikanischen Gesellschaft. In *Handbuch Bildungs-und Erziehungssoziolo-*

gie (pp. 103-124). VS Verlag für Sozialwissenschaften, Wiesbaden.
Petermann, F., & Petermann, U. (2011). Wechsler Intelligence Scale for Children–Fourth Edition. *Frankf. M Pearson Assess*.
Piaget, J. (1968). Le structuralisme. Paris - Structuralism. London (engl. Übersetzung).
Rogoff, B. (1990). Apprenticeship in thinking. Cognitive development in social context. New York, NY: Oxford University Press.
Roth, G. (2015). Bildung, Gehirn, Persönlichkeit–Wie Lernen gelingt. In *Zukunft des Lernens* (pp. 93-100). Ferdinand Schöningh.
Rousseau, J. J. (2015). *Emil oder über die Erziehung*. BoD–Books on Demand.
Schneewind, K. A. (2012). „Freiheit in Grenzen „: Konzeption und Wirksamkeit einer DVD zur Stärkung von Elternkompetenzen für Eltern von Grundschulkindern. *Bildung und Erziehung*, *65*(4), 409-426.
Siegler R., Eisenberg N., De LoAche J., Saffran J.R., Pauen Sabina (Hrsg.). (2016). Entwicklungspsychologie im Kindes- und Jugendalter. Heidelberg, Springer Verlag.
Skinner, B.F. (1978). Was ist Behaviourismus? Reinbek.
Spearman, C. (1961). „ General Intelligence" Objectively Determined and Measured.
Spelke, E.S., u. Kinzler, K.D. (2007), Core knowledge, in: Developmental Science 10, 89–96
Stachura, E. (2010). Der neurobiologische Konstruktivismus. Dissertationsarbeit.

Thelen E., Smith L.B. (1994). A dynamic systems approach to the development of cognition and action. Cambridge, MIT Press.

Thelen, E., Smith, L.B. (2007). *Handbuch der Kinderpsychologie*. Wiley Online-Bibliothek.

Trzesniewski, K. H., & Donnellan, M.B. (2010). Rethinking „Generation Me“: A study of cohort effects from 1976-2006. *Perspectives on psychological science*, *5*(1), 58-75.

Uhlendorff, H. (2001). Elterlicher Erziehungsstil. In *Erziehung im sozialen Umfeld* (pp. 21-29). VS Verlag für Sozialwissenschaften, Wiesbaden.

Von Humboldt, W. (1960). Theorie der Bildung des Menschen. *Werke in fünf Bänden, 235.*

Watson, J.B. (1968). Behaviorismus. Köln, Kiepenheuer u. Witsch.

Werning, R. (2006). Anmerkungen zur Pädagogik bei Lernbeeinträchtigungen. *INBAS (2006): Junge Menschen mit Behinderung in der Berufsausbildungsvorbereitung, Berichte und Materialien*, *16*, 35-42.

Wolf, J. (2001). Der Informationsverarbeitungsansatz als theoretisches Rahmenkonzept der betriebswirtschaftlichen Organisationslehre.

Wygotski, L.S. (1978): *Mind in society: The development of higher psychological processes.* Cambridge, MA: Harvard University Press.

Zeuner, A. (2015). Zum Auftrag des Schulsports: Erziehung zum und durch Sport. In: *Sportunterricht (64)*, Schorndorf.

Informationen zum Autor:

Konrad Richter ist Diplom-Sportwissenschaftler und Sportlehrer mit Staatsexamen. Er betreut seit über 24 Jahren Kinder- und Jugendgruppen im Sport und leitet eine Kindersportschule mit weltweiten Standorten unter dem Namen „Kisszoos“, unter anderem mit zahlreichen Standorten in China und der Online-Trainings-App "Kisszoos". Als Experte in den Bereichen Erziehungswissenschaft und Sportpädagogik im Kindersport reicht sein Überblick über die wissenschaftlichen Erkenntnisse auf diesem Gebiet von aktuellstem Wissen bis hin zu Erfahrungen der alten Griechen. Der Autor steht zudem in engem Kontakt mit einem Experten-Netzwerk (u. a. mit ehemaligen Profisportlern, Sonderpädagogen, Erziehern und Polizisten, sowie Doktoranden von Universitäten) und lässt deren Beiträge in diesem Buch miteinfließen.
Das Buch soll allen Eltern, Lehrkräften, Trainer/innen und Erzieher/innen die Arbeit mit Kindern im Sport erleichtern und eine gesunde geistige und motorische Entwicklung, sowie effektive Lernfortschritte für Kinder ermöglichen. Zudem soll es Eltern, Lehrkräften, Trainer/innen und Erzieher/innen Sicherheit und Orientierung für ihr Trainerverhalten im Kindersport und im Alltag geben.